TTS文庫

憲法改悪を阻止しよう！

白岩禮三

東京図書出版

憲法改悪を阻止しよう！ ◇◇◇◇ 目次

第3章

時代はますます進展していくが、その中で守り抜くべきは民主主義である……71

まえがき

当初、本書の題名は『平和憲法を守り抜こう！』としていた。しかし、平和問題だけに焦点を絞ってしまえば、「戦争を避けること」だけに限定されてしまい、もっと広い概念である『民主主義を定着させよう』という視点が抜けてしまう。

このため、憲法が民主主義を強調していることを考慮し、『憲法を変えるな！』と、憲法護持の精神をはっきりと打ち出し、改悪阻止の目的を明確に打ち出した。

憲法改正を主張する人たちは「現行憲法はアメリカから押し付けられたのだから、この際思い切って全面的に書き換えるべきだ」との主張を繰り返す。

しかし、日本人の手によって作られていたら、現行憲法のような「理想に燃えた世界に類を見ない超近代的な憲法」にはならなかったであろう。

当初GHQは日本人に新憲法作成を命じていた。ところが何時まで経っても出来上がらないので、GHQの関係者たちが、大急ぎで作りあげることとなった。

当時彼らは理想に燃えており、新時代における国家のあり方を追求していた。

そのために、米国憲法をすら上回る理想的な憲法が誕生したのである。それにもかかわらず「アメリカ人が作ったのだから」という理由を前面に押し出しながら、理想的な現行憲法を改悪しようとしているのは、間違いである。

日本がしかけた戦争にアメリカは巻き込まれ、アジアが蹂躙され4年が過ぎた。この間、日本人を含むアジア人とアメリカ人たちの多くが悲惨な目に遭った。彼らはすべて、戦争することのむごたらしさと同時に、戦争に巻き込まれたために被った言い知れぬ苦労を、嫌というほど味わわされたのであった。

そのような悲劇的な期間が終わってから、既に70年以上もの時間が流れた。これだけの長期間、日本は一切戦争に巻き込まれることはなく、平和そのものの有り難い時間を過ごせた。これは平和を願う現行憲法が、しっかりと我々を守ってくれたためである。そればかりではない。世界に向かって新憲法を誇示し、世界平和のために貢献し続けてきた日本人に対して、世界の人々は共感してくれ、平和に対する願いと想いを高く評価してくれたのである。

そんな理想に燃える新生日本のあり方に対して、否定的な見方、考え方が台頭してきたのは、安倍首相がヨルダンでの記者会見上、ISたちに向かって「我々は有志連合の一員として断固terroristと戦う」と宣言してからである。

terroristたちを敵視し、敢然と立ち向かうだけの意志を持ち続けるのは必要なことではある。しかし、敵地の近くまで行って大声を張り上げることはない。

それどころか、彼は従来の平和国家日本のあり方をかなぐり捨て、安保法案までをも成立させながら、米軍と緊密に協調して、地球上のあらゆる場所で「後方支援」と称する軍事行動をとろうとしている。

思い起こせば、真珠湾に対する大規模空襲をうけて、太平洋艦隊が大損害を被るまで、米国世論は「国際紛争には加わらない」という意見でまとまっていた。

当時、ナチスドイツがヨーロッパで猛威をふるい、ドイツの潜水艦が多国籍の艦船を撃沈しながら近隣諸国を侵略し、イギリスまでもが危機に瀕していた。

しかし、それでもなお米国民は戦争には参加しないとはっきり意志表示していた。なぜなら、参加すれば多くの若者たちが犠牲になり、国家的な大悲劇となると予見していたからであった。ところが自国の太平洋艦隊がいきなり奇襲攻撃をかけられ、大打撃をうけたことを契機として、アメリカの世論は急変した。

たちまち「日本撃つべし」が合言葉となり、若者たちは続々と志願していった。

そのような過程を経ながら第2次大戦を勝ち抜いたアメリカは、世界に冠たる大国として君臨することとなった。それだけの立場にたたされてしまったために、世界平和のために尽くさざるを得なくなったのである。朝鮮戦争からベトナム戦争に至るまでの度重なる紛争への連続介入は、その結果であった。

戦後この方、アメリカは確かに日本を守ってくれてはいる。その上、北朝鮮のように危険極まりない国家がすぐ隣にいる日本にとって、近海での紛争については米軍に協力せざるを得ない立場にあることは分かる。しかし、だからといって世界中どこでも米軍と共に行動しようとするのは、明らかに行き過ぎである。

本書では「戦争と平和」という二つの問題に多くの頁を割いているが、それと同時に「民主主義の大切さ」にも、より一層多くの頁を割いている。

なぜなら「政府が国民のために徹頭徹尾尽くすこと」こそが、国家としての基本的な使命であって、決してゆるがせにはできない義務でもあるからである。

新憲法には「国民は健康で文化的な最低限度の生活を営む権利を有する」と規定されている。この大前提として挙げられているのは「国民の生命と財産を守ること」である。この基本的命題が、日々の政治の中で１００％実現しているのかどうか？
我々はこの点に関しても政府の動きを注視し、監視しなくてはならない。
福島原発の重大事故から政府はきちんと全てを学び取っているのかどうか？
この重要案件に対しても、本書の中で真相をえぐり出すこととする。

第1章

戦争を避け、平和を守らなければならない

戦争中の体験と平和のありがたさ

２０１６年7月9日、ＮＰＯ法人ＣＦＦジャパンから大勢の若者たちに対して『戦争の悲惨さと平和の尊さ』に関する体験談をするように頼まれた。

参院選挙を翌日に控え、若者たちに戦争の体験を交えながら、平和の尊さを力強く訴えてほしいのだという。その要請を受けて2時間ほど熱弁を振るったが、この時間内だけでは、戦争中にどれほどまでに苦しい思いをさせられたのか？　また、戦争がどれほど悲惨極まるものだったのか？　については十分に語り尽くせなかった。そこで今回、本書を出版することとし、その中で思う存分ありったけの体験談を交えて、広く一般の方々に語りかけることにした。

時あたかも安倍内閣は『安全保障関連法案』を成立させ、集団的自衛権の行使を認

める法制を整備しつつあり、言論の自由を封殺するために秘密保護法までをも準備しつつある。その上で、国連平和維持活動（ＰＫＯ）での自衛隊の活動を世界中に広げながら、地域的紛争に関与する道を歩み始めようとしている。

政府は「自衛隊の派遣は後方支援に限定されており、担当地域は非戦闘地域なので戦闘に巻き込まれることはない」という答弁を繰り返している。しかし、この考え方は全く現実離れしたものであり、到底納得することはできない。

「戦争における勝敗は後方支援の出来不出来と不可分である」というのは、古今東西の常識である。特に遠隔地における後方支援のための兵力は、戦闘行為にあたる人数のほぼ倍だと言われている。事実、大東亜戦争での米軍は、この原則を頑なに守った。ところが日本軍は後方支援活動を軽視どころか殆ど無視してしまったために補給は絶望的となり、兵士たちは飢餓状態へと追い込まれた。

日本軍の戦術は戦闘場面における肉弾攻撃一本鎗であり、バンザイ突撃による一発勝負が戦いの基本であった。ガダルカナルでは一木支隊が全滅した後、川口連隊もまた壊滅的な敗北を喫したにもかかわらず、その後も少兵力の逐次投入を繰り返した。

つまり、敵兵を甘く見ていたために敵情視察はいい加減なものとなり、ただ肉弾突撃を繰り返せば、敵兵は縮み上がって逃げて行くだろうと思い込んでいた。

だから戦闘は一発勝負でカタがつき、2次3次の戦闘など必要はないと信じ込んでいた節さえある。そのため補給など一切問題にもしなかったのである。

ところが米軍は敵に倍する兵力を準備した上で、それを上回る兵力の追加投入を繰り返しながら、追加補給することによって最終的な目的を果たすことに徹していた。

このためにとられた作戦は次の通りであった。

(1)　敵の補給路を徹底的に遮断することを最重要事項であると定めており、このため潜水艦隊主力を敵船舶撃沈のために投入した。日本の輸送船は7200隻も沈没させられ物資輸送は行き詰まった。その結果、武器弾薬、食糧等々の補給は絶望的となり、アジア地域から内地に向けての原材料や燃料の補給も暗礁に乗り上げた。こんなことになってしまえば、日本は勝てるはずがない。

(2)　日本海軍はあくまでも艦隊決戦重視政策に拘り続けた。そのため、潜水艦隊は専ら敵海軍の動静把握と初期作戦における敵艦船への攻撃にあてられ、敵の輸送船団への攻撃には向けられなかった。この結果、米軍の補給には全く影響を及ぼすことができず、米軍は潤沢な物資輸送で日々強化された。

こうした事実からも明らかなように、戦時における後方支援は戦場における戦闘行為と全く同じ次元に立たされており、戦場における活動を戦闘行為、後方支援活動を非戦闘行為と区分けすることは、常識はずれである。

それにもかかわらず、岸田文雄外相は国会での答弁で「日本の任務は後方支援なのだから紛争当事国ではなく、従ってGeneva条約上の捕虜にはならない」と明言している。しかし、もしもGeneva条約上の捕虜に該当しないということになると、捕虜として特別に保護されることはなく、相手国の法律によって厳しく裁かれてしまう。そうなれば悲惨な結果をもたらすこと必定だ。

この点に関して、イラクで現実の任務に当たっていた織田邦男元空将は「政府が考えているような杜撰な対応をしていたら、自衛官を見捨ててしまうことになるが、これは大問題であり、到底容認できない」と嘆いている。

第1次世界大戦を経験しなかったわが国は、世界大戦の規模やあり方を十分に理解できず、日清・日露戦争時代の時代遅れの意識のままで戦いに臨んだ。

その結果、後方支援問題を重視することはなく、兵士たちを見殺しにした。

報じられている「玉砕」は「日干し」に他ならず、「見殺し」であった。

そのような非人道的、非民主主義的、非近代的な考え方を、時の外相までもがいまだに持ち続けているのは驚きであり、かつ悲しむべきことですらある。

この点に関して、時の政府の首脳たちがいまだに明治時代の感覚しか持っていないということは、憂うべきことであると同時に、恥ですらある。

政府はこのようないい加減な考え方の下で自衛隊を海外派兵しようとしている。我々は身体を張ってでも安保法制を阻止しなければならない。

安倍首相は歴代内閣とは異なり、アジア諸国民に対する謝罪の言葉を一切口にせず、閣僚たちの靖国神社参拝すら黙認して憚らない。彼の不遜な態度の中には、戦争を引き起こした上で、多大なる迷惑をおかけしたことに対する反省の気持ちは「ひとかけら」すら見かけられない。それればかりではない。

戦時中、どれほどまでに一般大衆が辛酸をなめさせられたのか？　赤紙一枚で駆り立てられた兵士たちが、どれほどまでに言語に絶するほどの悲惨な目においやられたのか？　に対して歴代の日本政府は心からなる反省も謝罪もしてはいない。事実上「知らぬ顔の半兵衛」である。

ドイツでは国家を挙げて徹底的に反省した上で、年々謝罪を繰り返しているが、日本では戦争犯罪に対する究極の贖罪はまだ全く終わってはいない。

あの無鉄砲かつ無謀な戦争を引き起こした全責任は、A級戦犯その他の関係者たちが負うべきであり、彼らの犯した重大な罪を断じて許すことはできない。

それと同時に、非人道的な決断を下した彼らを合祀している靖国神社への参拝が、どれほどまでに日本人をも含めたアジア諸国民の心を踏みにじっているのかを、今の内閣の人たちは理解すらしようとはしていない。

それよりも何よりも、あのむごたらしい侵略戦争にかきたてられ、それでも聖戦だと信じ切って戦場で命を落とされた尊い兵士たちが、彼らが最も憎むべき戦争犯罪者と共に葬られていることを、なぜ日本人自らが大反対しないのか、理解も納得もできない。国のために命を捧げた英雄たちは、靖国神社の森の奥深くで今もなお合祀されていることを嘆き悲しんでおられるに違いない。一刻も早く分祀をしてあげなければならないと思うのは、筆者だけではないはずである。


国民の生命と財産を守り、庶民の日々の幸せを大切にする政治を貫き通してこそ、初めて民主主義国家と言える。長い年月にわたって国民をないがしろにしてきた日本は、真の意味において民主主義国家ではないと断言することができる。

それでは日本を真の民主主義国家にするためにはどうしたら良いのか？

この解決策こそが本書に課せられた宿題である。

それともう一つ、この機会に取り上げるべき極めて大切な事柄がある。

それは日本国民の大多数が唯々諾々と、戦争をやりたがる国家の政策を認め、むしろそのような動きを支援するかのような態度を示し続けてきたことである。

それと同時に、そのような空気を作り出していたjournalismを徹底的に糾弾しなければならない。さもなければ再び過ちを繰り返しかねないからだ。

徹底した反省がなされていたら、現在までに国会で提出されてきた各種の反民主的な法案など簡単に葬り去ることができたに違いない。こうしたことまでをも含めながら、この機会に過去に起きたあらゆることを俎上にのせ、その上で新しい生き方を模索するために、本書を世に送ることにしたのである。

今思い起こす『戦争中の凄まじい出来事』

小学3年生の冬の12月8日、日本海軍は6隻の主力空母に満載されたゼロ戦に全てを託し、真珠湾の米海軍基地に対して空からの奇襲攻撃を敢行した。

まずは飛行場に居並ぶ多数の戦闘機や爆撃機を破壊した後、戦艦、巡洋艦はじめ多数の米軍艦船に対して2回にわたって空爆を繰り返した。その結果、多数の艦艇を沈没させた上で、陸上施設にも大打撃を与えた。

当日の朝、宣戦布告の報道にじっと耳を傾けていた父親は、「大変なことになってしまったなぁ！」と、深刻な顔をしながら黙り込んでいた。この時の一種異様で緊迫した雰囲気を、今でもはっきりと思い起こす。

その当時、家族は大阪市の港区に居を構えていたが、小学5年生の春、父親の転勤に伴い門司市に移り住むこととなった。ところが引っ越して僅か1カ月後、それまで住んでいたあたり一帯がB29の大空襲を受け、膨大な焼け野原と化した。

もしもこの時の引っ越しがなく、そのまま住み続けていたら一家全員生きてはいなかったであろう。それほどまでに凄まじいばかりの大空襲なのであった。

移り住むことになったのは門司市小森江町であり、家は風師山に向かって500mほど上ったところに建っていた。この家からは小倉市が遠望された。

1945年8月6日の広島市への原爆投下に引き続き、9日には長崎市に違う型の原爆が投下され、広島では二十数万人、長崎では十数万人が犠牲になった。
長崎に原爆を投下したB29爆撃機は、当初はまっすぐ小倉へと向かっていた。

つまり、原爆投下の第一目標は小倉市であったが、この日このあたり一面の上空には厚い雲が蔽っていたために原爆投下を諦め、やむを得ず第2目標の長崎市に向かうことになったのであった。もしも、この日小倉市の上空が晴れていたら、原爆は小倉市の中心部めがけて投下されており、その結果間違いなく私たちは一家全員被害にあっていたであろう。たとえ命を落とさなくても、原爆症で苦しみもだえる一生を過ごさねばならなかったに違いない。これもまた運命のいたずらとも言える、すれ違いの出来事であった。人間いつ何時災害に見舞われるか、もしくは不幸な出来事にあわなくてすむのか計り知れないが、これが「運命のいたずら」というものであろう。

ところで、門司市が空襲されたある夜、焼夷弾の破片が僅か1mのところに落下して大音響をたてた。肝をつぶしてその場に転倒してしまったのだが、その後もしばらくは放心状態のまま寝ころんでいた。腰が抜けてしまったのである。
また、下校途中グラマンの機銃掃射をあび、猛烈な着弾音と同時にあたり一面に土煙が舞い上がり、ほうほうの体で命からがらなんとか逃げのびられた。

こうした幾多の災難を躱しながらも、なんとか命を落とさずに今まで生き延びてきている。


中学生になって門司中学校に通いだしたのだが、1944年の夏を過ぎると連日のようにB29を中心とした大編隊での空襲があった。門司市内は絨毯爆撃を繰り返され、関門海峡には驚くばかりの大量の機雷がばらまかれた。

数限りない機雷が落下傘で舞い降りていく光景は、満天にきらめく星空をさえ凌ぐほど見事だった。この最初の空襲の際に日本陸軍高射砲部隊は、たった1日だけで1年分の高射砲弾を撃ち尽くしたと報道された。それほどまでに日本軍には弾薬そのものさえ十分な量の蓄えがなかったのである。それればかりではない。情けないことには、日本には米軍機を迎え撃つ戦闘機すら殆どなく、あっても敵対するだけの戦闘能力すらなかったので、空襲を避けて逃げており、空襲が終わると、どこからともなく帰って来ていた。そんなことは誰でも分かるので、日本軍に対する信用度合いは極端に低下していた。こんなことでは米軍に徹底的に痛めつけられるばっかりではないだろうかと、子供心にさえ感じたほどだった。このように、日本の空は多数の米軍機の思いのままに蹂躙されていた。

大戦中に経験したつらい日々の思い出

ところがドイツではhigh speedで1万mにまで飛翔する優秀な戦闘機を存分に保有しており、米英軍は大量の爆撃機の損失に頭を悩ませていた。その上、ドイツ各地には1万mの上空にまで届く高射砲が林立しており、超高空を飛行する英米の爆撃機にとっては、まさに大きな驚異であった。

またドイツはＶ1型rocket並びにＶ２型rocketを完成させており、ロンドン市内へのrocket攻撃を続けることができた。このようにドイツ軍の科学技術は日本を遥かに上回っていた上に、それなりの国力をも備えていたため、万全の体制で戦いに臨んでいた。これに対して日本軍は、まるで近代戦を戦い抜くだけの準備すらできないままに、戦争をおっ始めてしまったのであった。

ちなみに日本軍の高射砲は６０００mまでしか届かなかったので、1万m以上の超高空を悠々と飛行してくるＢ29は何らの心配もなく爆撃を繰り返していた。

しかも、あれだけの超大型爆撃機であるにもかかわらず、一度に飛来してくる数は100機以上の大規模編隊であり、それらが一斉に膨大な数の爆弾や焼夷弾をまき散らすので、地上はたちまち火の海となった。

日本の軍人たちは「米軍の爆撃なんか怖くない。バケツリレーで充分だ」と豪語しつつ、婦人会のmemberたちに盛んに消火訓練を行わせていた。そのため、多くの人たちが命を落とすこととなった。このようなデタラメな指導により、国民すべて4年以上にわたって、塗炭の苦しみを味わわせられたのである。

いざ空襲ということになると、大部分の日本の戦闘機は6000m程度しか上がれない上に、B29に対してまともに戦えるだけの戦闘能力がなかった。そのため迎撃どころではなく、精々どこかへ避難するのがやっとであった。なにしろ6000mに達すると、日本の戦闘機の機内温度はminus 10℃以下となり、操縦士は寒さに凍えながら飛行せざるを得なかった。それに対してB29は空調が完備されていて、乗組員たちは丸首シャツ姿でのびのびとしていた。それほどまでに彼我の技術は隔絶していたのである。そのような状況の中で、B29への体当たりが起こった。

ある夏の日の真っ昼間、するすると舞い上がった日本の戦闘機はそのまま真っすぐに超高空のＢ29に向かって突進して行った。じっと見ていると、パッとＢ29の胴体の真ん中に明るい光が灯り、日本の戦闘機の機影が消えたが、Ｂ29はそのまま飛び続けていた。それから僅か1～2分後、Ｂ29は真っ赤な炎をはきながらバラバラになって飛散した。後で考えると体当たりした戦闘機は恐らくは『飛燕』と称する開発されたばかりの高性能機だったのだろうと思われる。この機に搭乗した若者は命を的に懸けて体当たりを敢行したのであった。この時ばかりは身震いするほどの感激で身体が燃えるように熱くなった。祖国のために一命を捧げるというのはこのことだと思い、英霊とか英雄とかの単語が頭の中で交錯した。

猛烈な空襲の後で登校する際には、丸焼けになった門司市の中心街を通り抜けなければならなかった。あたり一面は文字通りの焼け野原であり、黒焦げになった死体があちこちに散乱し、ぶすぶすと音を立てながらくすぶっていた。

登校時にはまだ片づけが間に合っていなかったのである。日本国中このような凄まじいばかりの空襲に遭い、多くの工場や家屋が犠牲となり、毎日毎日何万人という死者や負傷者が激増していった。民衆は声を失っていた。

もしも父親にあてがわれた官舎が門司市の中心部だったら、間違いなく巻き添えにあって、家族全員死んでいたことであろう。「九死に一生を得る」という諺があるが、私の場合は少なくとも「五死に一生」くらいの可能性の中で、なんとか生き延びることができたのである。

そうしたことも確かに辛かったが、何よりも日々食べる物にさえ事欠いていたことは骨身に染みた。この当時には白米などお目にかかることさえ全くなく、それどころか麦飯でさえありつけなかった。

薩摩芋などご馳走中のご馳走なのだが、それすら手に入らず、その葉をゆでて食べていたほどであった。関門海峡には沈没船がひきもきらなかったが、その中から引き上げられた沈没米が時折配られてきた。しかし、全体が緑色に変色している上に油臭くてとても食べられなかった。この当時、頻繁に食べさせられたのは「海藻麺」であった。これは海藻をもとにして作られた「うどん」である。

あまり味はせず、うまくはないのだが、瞬間的にはなんとか腹の足しにはなった。しかし、すぐにお腹がへってしまい、たちまち言いようもない激しい空腹が襲い掛かってきた。今の若い方には想像もつかないだろうが、実《み》になるものを食べていないとお腹はとことん減ってしまい、目まいがして足元がふらついてくる。その段階を通り越すと、お腹の皮と背中の皮がくっつくのではないかとすら思えるほどにまでなる。こうまでなってしまうと、真っすぐには歩けなくなる。しゃがみこめば楽なのだが、一旦しゃがみこめばもう立ち上がるだけの気力さえなくなる。この段階にまで達すると頭は朦朧としてきて、夢遊病者のようになってしまう。

それればかりではない。世の中からはありとあらゆる商品が消えてしまった。勉強しようにもノートなどなく、紙さえ簡単には手に入らなかった。たまに見かける紙は黒ずんでおり、すぐに破れてしまうようなものばかりであった。これ以外の物も店には並んでおらず、なにもかもが決定的に不足していた。つまり、国全体としてもはや機能不全の状態に落ち込んでしまっていたのである。

ところで移り住んだ門司の家の直ぐ近くには小学校があり、その体育館には招集されて来た大勢の兵隊さんたちが収容されていた。彼らは床にゴザを敷き詰めてごろ寝させられていたが、将校だけは周辺の広い家で預かっていた。

その結果、わが家にも何時も２人の将校たちが入れ代わり立ち代わりに泊まっていた。つまり、戦争中の少年時代には兵隊さんたちと接触する機会が多く、その結果彼らの運命を注意深く見守ることが習慣づけられた。

兵士たちは1銭5厘の召集令状（赤紙）によって呼び集められていたが、彼らは朝から晩まで校庭へと下っている150段の階段を、竹そりで滑っていた。

このようにしながら、兵隊さんたちは最初の2年間は北国での戦闘に備えていたのだが、この頃を過ぎるとやることなすことすべてが一変してしまった。

つまり、後になるに従って服は従来の厚手のものから軽装へと変化し、あきらかに南方戦線に行くのだろうと想像がついた。あまりにも多くの兵士たちと触れ合う機会が多かったために、彼らがその後どのような運命を辿っていったのかを、いつでも想像するようになった。


戦後になって、彼らの多くがアジア各地で無残な死へと追い込まれていったことを初めて知った。それも敵味方互角の戦いの末に立派に戦死したのなら本望であったろうし慰めようもあるのだが、圧倒的な兵力差の中で苦戦につぐ苦戦を強いられ、満足な武器弾薬すら与えられずにあえなく命を落とさざるを得なかったのである。そんな立場に追い込まれた兵隊さんたちは、さぞかし無念であり残念だったであろう。思い起こすだけで遣る瀬ない気持ちになってしまう。

それればかりではない。食べるものとて全くなく、その結果やむを得ず飢え死にせざるを得なかった約７割の兵士たちの苦衷は察するに余りある。これこそ完全な見殺しであるが、民主主義が定着していない当時の日本ではそのような立場へと追い込んでしまうことに対する軍幹部らの反省はひとかけらもなかった。

田舎から駆り集められた兵士たちは、１銭５厘の値打ちしかない消耗品と考えられていただけに、彼らの死を心から悼むような人は、政府首脳にも軍幹部にもたった一人ですら居るはずがなかった。だからこそ戦争末期には、戦地に送り込まれる兵士の内の約半数が沈められると分かっていても、それをすら是認する形で次々と船に乗せられたのである。まさに人権無視の極致であった。

少年時代にこのような体験をしたために、今でも食事の度毎にあの時の兵隊さんたちのことを思い起こさずにはいられない。あの若さに満ち溢れていた人たちに、現在のような有り余る量の料理を食べさせてあげたかった。そうすればどんなにか喜ばれたことだろうと、思わぬ時とてない。

特に東南アジア各地を訪問した際に、日本の若い男女たちが群れ戯れているのを見るにつけ、時の流れの無残さと、あの忌まわしい時代に悲運に泣きくれた兵隊さんたちの悲惨さを、思い起こさざるを得ない。

補給を無視した日本と、重視したアメリカ

現在の若者たちは、このような体験をいくら聞かされても絶対に理解できない。もしも本当にこの当時の苦しみを理解しようとするのであれば、食べられるものが殆どない無人島に上陸して、3日3晩野宿してみるといい。そうなると最後には野草を食べたり、動くものはなんでも口にしだしたりせざるを得なくなる。そこまでの苛烈極まる経験を積み重ねてみて、やっと戦争した場合の銃後（内地）がどれほど辛かったのかが理解できるであろう。

その上に空襲や戦闘での銃撃戦が加わるのだから、戦場での悲惨さは想像を絶する。そのような悲惨な毎日を過ごしながらも、学校を休むわけにはいかず、腹の足しになるような物何一つないままで、形ばかりの弁当を持って登校していた。しかし、学校についたらすぐに弁当を食べてしまう。そうしないと身体が持たないからだ。しかし「まがいもの」しか入っていない弁当なので、空腹が収まることない。朝から昼の

弁当を平らげてしまうと、その日は家に帰りつくまで何一つ食べられないということになり、ふらふらしながらなんとか家に辿りつく。だから毎日が辛く悲しく、切ない気持ちに苛まれ続けることとなる。

子供は親に甘えられるだけましであるが、育ち盛りの子供たちに満足においしいものを食べさせられなかった母親の気持ちは惨めさの限りであった。

それでもなんとか命を永らえることができ、無事に終戦を迎えられた。

しかしこの間にも戦場の兵士たちは絶海の孤島で続々と飢えて死んでいった。

彼らは故郷を思い、母親を慕い、兄弟の安否さえをも気遣いながら「俺はこの名も知らない南海の孤島で遂に息絶えてしまうのか？」と呟きながら息絶えたことであろう。その時点での兵士たちの最後の思いは、壮絶の域を超えていたに違いない。だからこそ、そんな目に遭いかねない戦争に若者たちを派遣してはならない。派遣させてしまいかねない法案を絶対に通してはいけないのである。

実はこのような状況の中で、膨大な数の兵士たちが、刀折れ矢尽きて朽ち果てていくことは当初から分かっていた。なぜなら日本政府も日本の軍部も兵士たちには満足な食糧を供給し続けるという大事な補給問題を一切考慮することはなかったからである。「食は敵陣にあり」、つまり「敵陣から奪取せよ」と初めから決められており、そのように命令されていたのである。

こうした対策は、長らく続いた中国大陸での戦闘経験に基づいており、日本兵たちが占領した村々で食糧をねこそぎ収奪していたというむごたらしい実績に基づいていた。人が多く住んでいる地域には農民たちがおり、そのために食べる物はなんなりとあった。しかし、絶海の孤島ではそうはいかない。だからこそ食べられそうな草を食べ、トカゲから蛇までをも食していたのであった。しかし、動く物はことごとくなくなり、野草すら食べ尽くしたというのである。

ところで戦争中、日本兵たちが実際にどんなことを行ったのかについての偽らざる実態を、フィリピンのレイテ島で、直接島民に聞かされた。

彼らは次のように証言してくれた。

「日本軍はレイテ島に10万人以上の兵士たちを一気に上陸させた。当時、この島には農民や漁民が9万人ほど住んでおり、貧しくとも家族全員が平和に仲良く牧歌的に暮らしていた。そこにいきなり日本軍の大部隊が上陸してきて、一斉に食糧を強奪し始めた。日本兵たちは銃剣で原住民を脅した上で、大量の軍票と引き換えに村民たちが大事に保管していた食糧を根こそぎ奪った。その上で村民たちが使っていた倉庫までをも没収して日本軍の所有にし、その中に食糧をしまい込み、厳重に鍵をかけた。そうしておけば、何時でも自由に食にありつけると考えたからであった。しかし、食糧を根こそぎ取り上げられた村民たちは、たちまち飢えに苦しんだ。そこで致し方なく自分たちが所有していた倉庫をこじ開けようとすると、見張りの日本兵にみつかり、その場で銃殺されてしまった」

そんなむごたらしい事件がこの島の中で頻発していたのだ。

この話を聞いた時、一日本人として日本兵たちの非人道的な横暴ぶりに憤った。彼らはこれほどまでに酷い人たちだったのかと、同じ人種であることを心から恥じた。

しかし、実は被害者としてのフィリピン人も非道な日本兵たちも、共に横暴極まる日本政府や軍幹部たちの犠牲者なのであった。つまり、日本兵たちはどんなことがあってもあくまでも生き残り、最後の最後までアメリカ兵を殺すことを厳命されていたのだが、食糧や武器弾薬の補給という裏付けはなされていなかった。そのためにこのような過酷な状況に追い込まれた日本兵たちは、やむを得ずこのような行動を取らざるを得ない立場へと追い込まれたのである。

その裏には占領した島々の人たちを見下し、自分たちを優先させるという誤った選民意識が日本人の中に横たわっていた。このような非道さこそが日本軍の本質なのであった。しかし、だからといって日本兵のこのような行動は許されない。このような行為はあくまでも人類に対する犯してはならない犯罪なのであり、アジア全域の方々に対して、我々はこれから先も頭《こうべ》を垂れて謝り続けなければならない。

このように日本兵たちはフィリピンで横暴極まる暴挙を繰り返していた。

だからこそ各地ではゲリラが続々と誕生し、米軍は海上輸送で武器や食糧を供給していた。フィリピン全土の住民たちが米軍に協力することになれば、戦いの帰趨は言わずもがなである。米軍がフィリピンを攻め続け、台湾への上陸を見送ったのは、台湾では住民たちのbackupが全く期待できないからであった。

当時の日本にとって台湾は自国領土であっただけに、住民に対する対応や配慮はフィリピンやその他の占領地域とは全く異なっていたのである。

日本兵たちは招集された村々で歓呼の声で送られながら勇んで出征して行ったのだが、武器弾薬はおろか食糧に至るまで追加供給されることはなかった。

着ている服も履いている靴もみな「着た切り雀」なのであり、新しいものと取り替えることなど全くありえなかった。ところが米軍は半年ごとに新品の服装と取り替えることを大原則としており、そのため欧州戦線に派遣された兵士たちへの供給は、船上での待機と本国での準備の2段階にまたがっており、この大原則を踏み外すことはなかったのだという。いわんや武器弾薬や食糧の供給に至ってはその段階を遥かに通り越し、潤沢な供給が行われていた。

それればかりではない。一旦敵地を占領し橋頭堡を固め終わったら、直ちにrestaurantを開き、風呂を準備し、その上にtennis courtまでをも用意するほどの念の入れようであった。島を占領され奥地へと追い立てられていた日本の敗残兵たちは、遠くからどんな気持ちで米兵たちの気楽で喜びに満ちた生活ぶりを見ていたのだろうか？　その胸中を慮るとたまらない気持ちに苛まれる。

あらゆる島を占領された際に、日本兵たちが目にしたのは海上を埋め尽くさんばかりの大量の軍艦と船舶であった。それにもかかわらず、日本海軍の艦艇の姿は全くなく、日の丸をつけた飛行機さえ1機も飛んでは来なかったのである。

こんな状況の中ではまともに戦えるはずもなく、初めから負け戦になることは見えであった。従って、何時あの世に行くことになるのか？　が、全ての将兵たちの胸中を日々去来していた。誠に哀れ極まる生き地獄であった。

第1次大戦を契機として戦闘の様相は一変した。重砲と機関銃が十分に行き渡り、戦車が登場してくるようになると、戦術は一挙に近代化した。即ち、敵陣を突破するに際しては、まず重砲部隊が大量の弾丸を敵陣に撃ち込み、これに機関銃隊が呼応することとなる。所謂、峻烈な十字砲火によって火蓋が切られる。

その後で重戦車が突進して行き、その後を歩兵部隊がついて行くこととなる。白兵戦はその後の展開であり、それが始まるころまでには敵味方の優劣がついている。ところが第1次大戦を経験しなかった日本軍には、このような戦闘形式を取るだけの準備も、覚悟どころか用意さえされていなかった。

重砲の数は知れている上に弾丸が決定的に乏しかった。そのため、あらゆる戦闘場面で歩兵は重砲の発砲を拒否していた。なぜならたった数発撃つだけで敵陣から夥しい数の重砲弾が飛来してくるからであった。また、連合軍の戦車は重戦車であったが日本軍のは軽戦車であり、全く相手にはならなかった。

つまり、敵弾は簡単に日本の軽戦車を破壊するのだが、日本の軽戦車の砲弾が敵の重戦車にあたっても、相手はびくともしなかったのである。その上、敵の重戦車が体当たりをしてくると、日本の軽戦車は簡単に押しつぶされた。

そのため、使い物にならない日本の軽戦車は地中に埋めて砲塔だけを出しながら敵の歩兵との白兵戦に備えるしかなかったのである。この経験は太平洋戦争が始まる2年前に起こったノモンハン事件で経験済みであった。つまり、ソ連軍は近代戦を展開したが、日本軍は日露戦争時代から変わらなかった。その結果、次々に陣地が蹴散らされた。戦いを効果的に進めるためには、適時適切に陣地を移動しながら機動作戦を展開するのが常識であったが、軍幹部は各部隊に対して既存の陣地からの後退を許さなかった。これに従わなかった部隊長たちは停戦後個室に案内された。上司は黙って拳銃を渡した上で部屋から出て行った。「敗戦の責任をとって自決せよ」というのである。ただ一人部屋に残された将校のpistolの音がこだましていた。これが帝国日本陸軍の歪んだ実態だったのである。それればかりではない。ミッドウェイで生き残った将兵や、ガダルカナルの敗残兵たちは「負け戦の証人」として隔離され、その後過酷な戦場へと送り込まれた。戦死させることによる口封じなのであった。

また、日本の将兵たちは捕虜になることを厳禁されていた。

「生きて虜囚の辱めを受けるなかれ！」とは、時の総理、東條英機が書き下ろした「戦陣訓」の中に明記されていた。このため、一般の民間人でさえ自決に追い込まれている。その肝心要の張本人の東條英機は、拳銃を撃ちそこなって囚われの身となり、長い裁判のはてに絞首刑に処せられている。拳銃を口にくわえて発射するか、心臓に照準をあわせて撃てば間違いなく死ぬし、青酸カリを所定量飲めば確実に死に至る。しかし、東條はそれすらできず、撃ちそこなって米兵に検挙されている。日本軍のtopに立っている軍人にして、この体たらくである。

日本軍は「捕虜＝0」を大原則にしていたために、自国兵が捕まった後の処置についての教育を全くしていなかった。そのために彼らは知っていること全てを正直に告白し、米軍をよろこばせた。日本の情報が筒抜けになったからである。

米軍ではその点の教育を徹底していたために、捕虜たちはなかなか口を割らなかった。その上で間違った情報を巧みに伝えたため、日本軍は誤った情報にかき回され、右往左往させられることとなったのである。

日本軍は敵の捕虜を「人間の屑」だと思い込ませていたために、日本では捕虜を虐待するcaseが絶えなかった。しかし、明治の人たちは欧米並みの民主主義を尊重しており、その結果ロシア兵やドイツ兵の捕虜を大切に扱い、各国から称賛されていた。ところが昭和に入ると、状況はガラリと変わり、日本は非民主主義国としてのlabelを貼られることとなったのである。

民を軽視し続けてきた日本独特の体質

本当の民主主義国（アメリカ）と非民主主義国（日本）とはこれほどまでに違っていたのである。日本では戦時中はおろか、今に至るまで民が主にはなっていない。民を主に考える国では、たとえ戦場であろうとも基本的な人権は守り抜き、飢えさせたりはしない。戦うのであれば十分な武器弾薬はおろか、必要な栄養分までをも潤沢に供給することが大原則になっており、事実それを励行している。

その一方で日本では兵士たちを「1銭5厘の赤紙でかき集められる消耗品」と思い込んでおり、一人ひとりの命の尊さなど「どこ吹く風」であった。

日本は日清・日露の両大戦で勝利し、朝鮮を属国化し、台湾を手に入れ、満州国を建国することができた。この裏では「爆弾三勇士」に象徴されるような肉弾攻撃が主流となっていた。このような凄まじいばかりの経過を辿りながら、日本政府も軍幹部たちも日本軍特有の肉弾攻撃の威力に魅せられてしまい、近代戦のなんたるかを見失ってしまっていたのであった。つまり「命を投げ打つ特攻作戦こそが勝利の秘訣である」と心から思い込んでしまっていたのである。

このような考え方の裏には、一人ひとりの民の命を大事にするという民主主義の概念が潜り込むだけの隙間はなかった。つまり、日本政府も軍幹部たちも「民の命と引き換えに自分たちの目的を達成する」という、非人道的な考え方に凝り固まっていたのである。例えば、戦時中にこんな実話が残されている。

「参謀本部に財閥の首脳がのこのこ入ってきて、今度はぜひセレベスを攻略してくれと頼み込んだ。その上で、占領したらセレベスの石油関連の商圏はなんとかわが社に頼む。金は幾らでも出すからな」と。

つまり、あの当時日本政府は今度の戦いが聖戦だとかなんとか恰好のいいことをほざいていたが、真の理由は「資本による利権の確保」なのであった。

たとえ戦争に勝ってみたところで一般大衆には殆ど何の恵みももたらされない。それにもかかわらず、戦場へ送り込まれるのは何時も若い一般大衆である。

平和な時代には何時も、各国民の和やかな交流が営まれる。つまり、本来どこの民もみんなお互い仲良くするのが当たり前なのである。それにもかかわらず、各国別の政治的な事情の違いによって一般庶民は敵と味方にはっきりと区分され、お互いを殺しあわねばならない立場へと追い込まれたのであった。

第1次から第2次に至るまでの世界大戦で死傷した全世界での人数は天文学的な数値に達する。しかし、今翻って考えてみると、この両大戦で命を落とした人たちは、何も死ななくても良かったのである。つまり、戦争によって失われた人も物も全て無駄に失われたに過ぎなかったのである。それほどまでに戦争という行為は人類の全てにとって凄まじいばかりの大損失なのである。

「産めよ増やせよ！」という当時日本で流行ったsloganは、増やした若者たちを肉弾にするためであった。赤紙一枚でしょっぴかれた兵士たちは、いきなり一等兵たちから、理由もなく「撲る蹴る」という凄まじいばかりの暴行の洗礼を受けた。これは日本軍の伝統そのものであり、いくつかの目的を伴っていた。

その一つは「上官の命令の順守」であり、敵陣めがけて「突っ込め」と言われたら命を的に懸けて突撃せねばならないという覚悟をつけさせるためであった。

もう一つは、兵役についている限り苦しいことばかりであり、なんとかこの世の苦境から逃れたいとすら思うような心境にさせるためでもあった。この結果「死んで楽になりたい」と思う初年兵たちが続出し、彼らは勇んで戦場の花と散った。

こうした仕掛けを通じて「見かけ上勇敢な兵士」が続々と誕生してくるようになったのである。つまり、日本兵は巷に言われているように、生まれつき勇敢なのではなく、必然的に肉弾にさせられてしまう「しきたり」の中で、日々凄まじいばかりの訓練を受けさせられた結果、勇敢にさせられたのであった。

最高の地位についた軍人がとるべき態度

このような極めて非人道的かつ非民主主義的なやり方が、軍隊の内部で公然と行われながら、誰も批判もせず反対もせずに放置されたままであった日本は、まごうかたなき非民主主義国家である。このような動きに一応のstopがかかったのは、戦争に負け米軍が占領したからである。だからこそ多くの日本人たちが「負けて良かった」としみじみと思っている。もしも戦争をせずに、日本の軍部がそのまま残っていたら、非人道的かつ非民主主義的な風潮は絶えることなく延々と続いていたことであろう。

つまり、言論の自由などなく、政府や軍部の批判でもしようものなら、たちまちどこかへと連れていかれ、場合によっては行方不明にもなりかねなかった。だからこそ誰も口を開こうとはせず、何を言われてもただ黙って従うしか、他に方法はなかったのである。

何時の世であろうとも、為政者がやりたい放題をしたければ、必然的な結果は言論統制となる。そうしさえすれば唯々諾々と目的を達成できるからである。

今でさえ、自衛隊の中では旧日本軍的ないじめが残存しており、時折問題になっているが、こうした傾向を根底から抹殺しなければ世界的な恥となる。

それればかりではない。現在の日本には今もなお民主的な考え方が定着していない。例えば会社内で批判的な言動をすれば、たちまちお払い箱となる。

かつての東芝のように上司の命令があれば、赤字でも黒字にかえてしまう。

しかも、それらの合計数値が２５００億円にも達するというから半端ではない。

このような命令に反対して正義を貫き通そうとすれば、退職せざるを得ない立場へと追い込まれる。そんな日本では一身を投げ打ってまで正義を貫こうとする義人は出にくい。その最大の原因は貧しさにあるとも言えるだろう。

かつて山本五十六は真珠湾攻撃での大勝利で浮かれ気味の将校たちに向かって次のように述べた。「浮かれている場合ではないぞ、その内日本本土は大空襲を受けて、火の海になるだろう。そうなった時の一般大衆の反応が恐ろしいぞ」と。

つまり、彼は1年や1年半くらいは暴れ回ることができるが、その後では敗北へと追い込まれるということをはっきり予想していたのであった。それにもかかわらず真珠湾攻撃に踏み切ったのは軍人としての立場からであった。あくまでも戦争に反対して職を失うことが怖かったのであろう。

もしくはたとえ負け戦であろうとも、軍人の本分として立派に戦わねばならないと思い込んでいたのかもしれない。しかし彼の無二の親友だった、あの有名な『堀悌吉中将』は、職を投げ打って戦争に反対し、退役へと追い込まれている。

もしも当時並みいる海軍の将官たちが堀元中将と同じように、職を賭して戦争に反対していたならば、間違いなく対米戦争に踏み切れなかったであろう。

あの当時の日本には、一身を投げ打ってでも国家を守ろうとするまでの気骨のある将軍がたった数人しか居らず、残りみんなは地位にこだわったばっかりに、無謀な戦争が引き起こされてしまったのである。

軍人を志願するような人間は、もともと運動神経が発達しており、剣道や柔道が得意で相手を倒すことを得意としている。そのような性格の人たちはどうしても好戦的になりがちであり、武器を持たせるとたちまち攻撃したがる。しかし、一国の運命を預かる最高位の軍人たちにとって、最も大切なことは国防、つまり「国の安寧を重んずること」を第一義にしなければならない。となると、当然のことながら「負ける相手とは絶対に戦わない」ことが大鉄則となる。それと同時に理不尽に他国を侵さないというだけの人道主義を持ち合わせなければならない。一国の首相に命令されたら、何も考えずに猪突猛進的に他国に攻め入るような指導的立場の軍人は、それだけで完全な失格者なのである。

その点において山本五十六のとった行動は明らかに誤りであった。彼が愚将と通称されているのはそのためである。彼は真珠湾に奇襲攻撃をかけ、敵艦隊に対して決定的な打撃をあたえさえすれば、米国民の士気はたちまち低下するだろう、そうなれば講和に持ち込める可能性が高まると先読みしていた。

ところが彼の想定は完全に間違っていた。

民主主義に徹していた当時のアメリカでは、他国の戦争に加わることは大勢の若者たちを死に追いやることになると考え、ナチスドイツに対しての攻撃でさえ、国民の多くが反対していた。ところがそのような折も折、突如日本軍が奇襲攻撃をかけてきて、アメリカ人が誇りにしていた太平洋艦隊に大打撃を与えた。これを契機としてアメリカ全国民が一斉に立ち上がり「国を挙げて憎むべき日本を叩き潰せ」というappealがアメリカ全土に充満した。彼らの合言葉は"Remember Pearl Harbor!"であった。つまり、山本の読みは完全に真逆だったのであり、奇襲攻撃によってあのgiantを叩き起こしてしまったのである。

この結果、若者たちが続々と志願兵となり、国中のあらゆる工場がうなりをあげて増産につぐ増産にあけくれだした。飛行機、艦船、戦車その他あらゆる兵器類の生産額はたちまち日本の10倍以上となった。もうこうなってしまえば戦いの帰趨は明らかである。この結果、本来は死ななくても良かった大勢のアメリカの若者たちまでもが、戦場の花と散った。一人戦死すれば、家族を含めて涙する人たちは少なくともその10倍だと言う。つまり、日本が引き起こした戦争のために泣きくれたアメリカ人は300万人をすら上回ったはずである。戦争とはそれほどまでに悲惨なのであり、民主主義の精神を踏みにじるものなのである。

一方日本では300万人以上の兵士たちが息絶え、その10倍以上もの人たちが涙した。戦死した兵士たちの大部分は農家から無理矢理徴収された若者たちであった。当時、わが国は農村不況の真っ只中にあり、娘すら売らざるを得ない程の苦境に立たされていた。それにもかかわらず、肝心要の最も大切な働き手を、兵士として軒並み徴収されてしまっていただけに、残された家族の悩みは深刻だった。しかし、これだけの悲惨な結果に対して国からの十分な保障などなく、ただ放置されただけとなった。国としては心からなる謝罪を行うと同時に、歴代政府は改めて登場するたびごとに「二度と再びこのような過ちは行いません」と、全国民に約束し続けなければならない。それどころか戦後70年を過ぎた今頃になって、次々に反民主主義的な法案を可決し、その上に言論統制まで行おうとしており、今や明らかに戦時体制へと逆戻りしつつある。

繰り返すが**『民主主義とは国民の生命と財産を守り抜くと同時に、健康で文化的な最低限度の生活を保障すること』**である。安倍首相はしきりに交戦力を高めることこそが、戦争をなくすことに繋がるのだという。しかし、実際はそうではない。

米軍の後方支援を担当して世界中のどこへでも出兵しようとすれば、まず間違いなく戦争に巻き込まれてしまうであろう。今まで米軍が戦った戦争のすべてが、あらゆる面から考えてみて、正義であり正しかったのなら、それに加担したことに対する言い訳はある程度までは成り立つかもしれない。しかし、実際には誤った戦いがあまりにも多かったし、戦闘行為の中で米軍が犯した過ちも数限りない。そうした現実に照らし合わせてみても、安倍内閣が進もうとしている道は危険極まりないものであることが分かるであろう。

悲惨な戦場に兵士を送り込んではならない

筆者は実際に戦闘行為を行ってはいない。従って、戦場がどれほど悲惨なものかについては想像の域を出ない。このため、元米陸軍士官学校の心理学教授のデーブ・グロスマン氏の報告から、実際の凄まじさを読み取ることにする。

彼は言う。

「生きるか死ぬかの局面に立たされると、人間は異常なまでのstressによって知覚に異常を来し、耳元の大きな銃撃音でさえ聞こえなくなり、視野が極端に縮まる。その上更に記憶がすっぽりと抜け落ちてしまう人も結構沢山いる」
「殺される恐怖よりも、殺すことの抵抗感の方が遥かに強いのが現実である」
「その結果立ち往生してしまうことになるが、これを兵士のdilemmaと呼ぶ」
「その結果第２次大戦中、敵を狙い撃ちにした兵士は僅かに15～20％であった」
「人は誰も本能的には人を殺したくはなく、良心が人殺しを思い留まらせる」
「このため意識改革を取り入れ、朝鮮戦争で55％、ベトナム戦で95％まで高めた」
「世論が支持しない戦場に兵士を送ったら、兵はＰＴＳＤに苛まれることとなる」
「戦闘で死んだ兵士より自殺した帰還兵の方が多いというのが現実である」

このようなcommentからも察せられるように、戦場での戦いは極めて非人間的な行為である。しかも、戦っている者同士はつねに両方の国の一般庶民であり、平和時ならお互い出会えば親しくなるような好ましい関係の者同士である。

それにもかかわらず一旦戦場に送り込まれると、殺すか殺されるかという修羅場の中に立たされることになってしまう。しかも極めて大事なことは、一般庶民はたとえ自分の国が相手国を屈服させたとしても何らのmeritもない。

一国を牛耳っている資本家や権力者たちは、戦争で勝てば思惑通りの獲物にありつけるが、この連中は自らの手を汚さず専ら庶民を駆り立てて自分たちの欲求を満たそうとする。だからこそ、庶民はこぞってあらゆる戦争への道をshut downしなければならない。この際の楯となるのが憲法であり、かつ庶民の命を守る数々の法案である。しかしながら過去1年間、安倍内閣は次々に反人民的な法案を可決してきた。

そのような事実がありながら、目下の日本では安倍内閣の支持率が過半数を超えている。こうした現実を直視すると、今日本は徐々に戦争体制へと歩み始めつつあるが、そんな動きを一般大衆がどうやら是認しつつあるようである。

従って、このまま進んで行けば、やがて憲法が改悪され、それに引き続く法案とあいまって、次第に言論までもが統制されることになるであろう。

あれほどまでに痛い目にあってきた日本人が何故再びもと来た道を引き返そうとしているのか？　いくら考えても安倍内閣を支持する票数は不思議である。

ここで我々はもう一度立ち止まって、民主主義のなんたるかを考え直さなければならない。ところで戦争以外にも反民主主義的な案件はいくらでもある。

その内でも最も深刻な問題は原発の存在である。

このため、次章以降にこの問題を詳しく取り上げることとする。

第２章

制御不能な原発は廃絶すべきである

福島の原発事故を契機に廃絶を決めたドイツ

日本では目下50基の原発が休止中だが、今までに出された廃棄物の処理すら全くメドがついていない。フィンランドでは原発関連の廃棄物を10㎞深く埋め込んでいるが、それでも放射能の影響は10万年先にまで残るのだそうだ。

小泉元首相は「かつて自分は無知だったので原発を認めていたが、原発の処理がこれほどまでに深刻であることを知ってしまった以上、反対せざるを得ない」と訴えている。つまり、政治家として犯してしまった過ちを改めようとして立ち上がったのである。これに対して全廃した場合の対案を出さないのはおかしいという意見もある。

しかし「今から10万年先までの国民の生命と財産を守り通す」という大命題が先決すべき事項である限り、なによりもまず先に全廃を決め、その後で対策をねりあげるということにしてもよいし、またそうするしか他に方法はない。

もしも原発が現に稼動しているのであれば、それをいきなり止めることは難しいかも知れないが、殆どの原発が動いていない上に今後経済が到底伸びそうにもないということであれば、廃絶へと向かわせるのが筋ではないだろうか？

後に残された問題は「国際収支上火力発電をどれだけ圧縮しなければならなくなるか」という問題に集約されるであろう。

結局、我々は電力消費を極限にまで絞り込まざるを得なくなるが、そのためには一般家庭での必要最低限の電力料金に関しては従来通りとし、それを超えて使用する場合には、累進的に料金を高くするという手段が考えられる。

そのようにした場合でも、電力を多く使っている家庭でさえ、月々支払う料金は今までの2倍以内には納まるだろうから、この料金体系が特別問題を起こすとは考えにくい。この結果、残された最大の課題はアルミ精錬のような電力多消費型産業向けの料金問題になるであろう。日本が高成長していた時代の日本経済の強さを1とすると、この内の約4分の3が環境面で順風であったためであり、残りの4分の1が日本人の優秀さと勤勉さであった。しかし20年ほど前からは逆風に切り替わり、plus 4分の3がminus 4分の3になってしまった結果、残りの4分の1を加えてみてもminus 2分の1ということになってしまった。政府はこのminusをなんとかして消そうと思い立ち、20年間に１０００兆円以上もの財政資金を投下した。その結果zero成長に極めて近い、僅かばかりのplus成長をやっと維持することができた。

しかし、今後は財政支援の財源がない。これから先の国際競争力が過去20年間と変わりなければ、少子高齢化が加速していくために、計算上ではminus２～３％成長が常態となりそうである。この中には石油化学工業のような大産業の、アメリカへの大規模移転までもが含まれている。

このような想定の下では、産業用の電力需要は確実に減り続けるために、今後の電力需給は一般が想像するほどtightではない。つまり、冷静に目下の日本を直視しながら、これから先の経済状況の推移を考え合わせると、現在は原発全廃を決断するbest timingであると言うことができる。全廃に伴う数々の問題があることは十分に承知しているが、なによりも今後10万年もの長きにわたって「この国が全滅する可能性を避けることによって、国民の生命と財産を守り通すという大命題」を覆すほどの重要な案件が出てくるとは思われない。

今更繰り返すまでもなく、わが国の面積は僅かに全世界の0・3%しかないが、なんと世界におけるマグニチュード7以上の地震の10%がこの狭い範囲内で起こっている。つまり、この狭い国土の中のどこででも、地下深くのmagmaが勢い良く噴出する可能性も危険性もありすぎるくらいにあるのである。そんな危険な国の中で、10万年もの長きにわたって廃棄物を地中深く埋めるという行為は明らかに「人類に対する反逆行為」である。従って、それを承知の上であえて踏み切るのかどうかについては、現在生きている人たち一人ひとりの本心に問いかける必要があり、政府が勝手に決める問題ではないことを強調しておきたい。

原発を廃棄したいのなら、それなりの覚悟を!

原発推進論者の見解は、

(1) 原発を止めたら電力が不足する
(2) 火力発電主体なら電気代が高騰する

の2点に集約される。こうした事態の発生は確かに経済成長にとってはminusである。しかし、原発の稼動を認めるのか、それとも全面的に停止すべきかを議論する場合の中心課題は「経済成長」ではなく「国民の生命と財産を守るべきか否か」である。命を犠牲にしてまで経済成長を追求するのはそれこそ本末転倒であり、絶対に容認することはできない。

命を守り抜くことこそが重要であるために、全原発を廃炉にすると決めるのであれば、その後で経済成長問題に対して具体的にどう対処すべきかを論じなければならない。「生活をより豊かにしたい」というのは万人共通の願いである。

このためには「十分な電力をできる限り安い価格で供給してもらう」ことが重要な前提となるが、原発を完全否定するからにはその条件の下でそれぞれが適応しながら生きていくためのあり方を、徹底的に追求していかねばならない。

その際に重要になってくるのは、今後の日本経済の成長テンポである。

先ほども指摘したとおり、今までの約20年間、経済は横ばいのまま推移してきた。１０００兆円もの財政資金を投入しても日本経済は一向に立ち上がらず、電力需要は横ばいのままであった。目下、50基もの原発が止まったままなのに電力不足が起きないのは、経済が想定どおりに伸びないためである。

翻って考えると、政府が今まで必死になって原発を積み上げてきたのは、十分な電力を確保することによって、経済成長ができるようにするためであった。

しかし、政府の思惑は完全に裏切られ経済が成長しなかったために、原発による供給量の上乗せ分の殆どが要らなかったということがはっきりした。それなら、これから先の日本経済は一体どのように進展していくのであろうか？

この問題については各種機関から様々な将来想定がなされている。その中では、2050年時点における世界のGDPの中での日本の比率が2〜3％までの想定が圧倒的に多い。つまり、これから経済はどんどん縮小されることとなる。


なお、この場合の日本の人口の世界の中での比率は2％である。ちなみに1960〜1980年代にかけてのGDPは世界全体の中の15〜18％であったが、この時点での人口の比率は3％であった。この時点から今日に至るまで、GDPの比率は年々下がり続け、現在では7％弱へと半減しているが、これから更にどんどん低下していき、ゆくゆくは世界平均の2〜3％という見通しになっている。

この場合、少子高齢化も大きな要因の一つであることは間違いない。

これまで述べてきたように、日本経済は世界的な脅威とさえなったほどの高成長を記録したこともあるにはあったが、これは異例中の異例なのであり、これから先そうした高成長が再び実現するなどということは考えられない。

今まで二十数年間の動きから見る限り、日本経済の経済成長率は先進諸国の水準よりも遥かに低めで推移する可能性が極めて高いと判断される。この結果として日本が世界の平均的な国の水準に収まっていくのだとしたら、長期的には世界のＧＤＰの２～３％の水準へと収斂していくことになるであろう。そうだとすると、20年以上も前に立案した長期計画は抜本的に見直さねばならない。

そうなると原発を再稼動させる必要はなくなる。つまり「原発をどんどん造って稼動させさえすれば、いくらでも成長は可能だが、原発を廃止してしまうと経済は落ち込むことになる」という詭弁は、もはや全く通用しないのである。

今後世界はますますglobal化を加速させていく。それと同時に日本国民の活動舞台は世界の国土面積の０・３％しかないこのちっぽけな国土の外へと広げて行かざるを得なくなる。その際に武器になるのは英語や中国語であると同時に、どこでも骨を埋められるだけの「ど根性」である。

ところが現在の若者たちは海外進出に尻込みしつつあり、このちっぽけな国にしがみ付いたままでいたいという気持ちが極めて強いように見受けられる。

そんなことをしていたら、２０５０年時点でのＧＤＰは本当に世界の２％程度になってしまいかねない。そうなると、原発に頼る必要は完全になくなってしまう。つまり、原発、原発と叫び続けるのは、「原発を続々稼動させさえすれば十分な電力が得られ、その結果経済は発展する」というまやかしの議論だったのだが、実は原発を建設し稼動させることによってたんまり儲けられる業者やその他の関連の人たちのためだったのであり、そこからのおこぼれを政府自身も当てにしていたからなのであった。

経済を発展させるためには、様々な要素が必要になってくるが、潤沢な電力の供給はその一つの条件でしかない。現在のように大部分の企業が萎縮してしまい、将来への突破口を切り開けないような場合には、経済は発展しようがない。発展しないのであれば、余分な電力など全く必要ではなくなることになる。

また、日本人の能力を高く評価しすぎるのも問題である。この二十数年間日本経済が停滞し続けたのは、高成長時代のpositionが高すぎたからなのであり、今までの二十数年間は以前の高すぎた位置からの修正過程に過ぎなかったのだ。

現在までの二十数年間のslow paceはこれから先も延々と続き、その結果わが国はごくごく普通の国に戻っていくことになるものと思われる。

原発に関する政府の施策と東電の対応

ところで政府と東電に対して言いたいことは山とある。それについてこの機会にはっきりと記述しておくこととする。

米カリフォルニア工科大学は、宮城県沖で２００５年に起きた地震のdataを分析した上で２００６年初頭、次のような警告を日本政府に向かって発信した。

「宮城県沖と福島県沖の震源域とが重なりあって、巨大地震が発生する可能性が急速に高まりつつある」

ところが日本政府と地震学者たちはこぞってこの警告を無視し、検証することさえしなかったのである。それから僅か7年後の２０１１年３月、巨大地震が発生し大津波が東北を襲った。

これよりはるか以前の１９６７年、東電はＧＥ（General Electric Company）から「Mark1」と通称されていた原発を導入している。

この炉の特徴は、地震や津波が起きる可能性のない内陸部向けに設計された『簡易

炉』なのであり、アメリカではすべて地震の頻度が極端に低い東部の内陸部だけに設置されており、海岸に設置されている炉は1基もない。

GEはこの簡易炉を低コスト化して売りまくる目的で、炉心部全体を蔽い囲っていた頑丈な格納容器を外してしまい、炉心部の下にドーナツ型の圧力抑制プールを取り付けることにした。つまり、完全に手を抜いているのである。

このような、もともと日本の海岸線にそって設置されるような類いの原発ではなかった原発を、設置を急いでいた東電は「安全testすら待たずに」導入してしまったのだが、監督官庁も黙ってこの無謀な導入計画を認可している。

それほど東電は早く動かして稼ぎたかったのであり、同社から多額の寄付を受け続けている政府としては、彼らの動きを止められなかったのである。

この炉は38基製造されたが、日本には福島（1〜5号）、浜岡（1〜2号）、女川1号、敦賀1号、島根1号の合計10基も導入されている。これらはすべて海岸に面しており、GEが内陸設置型の簡易炉であり、海岸に設置すべきではないという勧告を完全に無視している。ところがこれらの導入後にGEで基本的な欠陥がわかり、3人のtop engineerたちが連名で会社側に抗議し、直ちに回収するか廃炉にすべきだと訴えた。GEがこの訴えを拒否したため、3人はこぞって抗議の退職に踏み切った上で

議会活動並びに社会活動を展開し、全米各地では幾度となく大規模なdemoが沸き起こった。つまり、彼ら３人は自らの収入源を断ち切ってまでも、国のため国民のために正義を貫いたのであり、戦争に踏み切った日本軍の首脳たちとは人としての基本的な姿勢がまるで異なっている。

日本政府も関連の電力会社も、そうした動きを熟知していたにもかかわらず、なんらの対策も取らず、事態を放置してしまった。電力会社にとっては安上がりの原発ならしこたま稼げるし、その電力会社から多額の献金を受けている時の政府にとっては、東電が儲けてくれてその分余計に政治献金が増えれば結構極まりないからである。そんな構図の下でこれほどまでに杜撰な計画が進行したのだ。

それればかりではない。肝心要の報道機関各社はこれだけの重要なnewsを国民に伝えようとはしなかった。さぼっていたためにこのような事実を見逃したのか？　それともこれだけ重要な報道そのものを政府から止められたのか？　は、今となっては検証できない。しかし、日本という国はなんとも哀れな国であることかとしみじみと思う。こんなことでは真の意味における民主国家とは言えない。まだいくらでも問題が隠されているのではないかとすら思いたくなる。

この警告を受けて米国原子力規制委員会（ＮＲＣ）はオークリッジ国立研究所に調査を委託した。その結果、Mr. S. R. GreenとMr. S. A. Hodgeが選任技師となり、１９８１年に膨大な調査結果を報告書として纏めた上で公表したが、その結論は次の通りであった。

Ｍ－１型原発は他に比べて地震と津波に対して明らかに脆弱であり、全電源が失われたら、次のような段取りで事故が連続して起こる。

(1) ４時間後にはbatteryがあがり
(2) ５時間後には炉心が冷却不能となり
(3) ６時間半後には炉心が溶融し始め
(4) 圧力容器の底に核燃料がmeltdownしだし
(5) 30分後には圧力容器が破損しだし
(6) ８時間半後には格納容器が破壊され
(7) 大量に発生する水素gasを排除できなくなり
(8) 続いて炉内に水素gasが充満して爆発する

この予測は実際に福島で起きた事象を、事前に実験によって正確に立証していたことを示し、これにより東電や日本政府が、この予測をひた隠しにしてきたことが、白日の下に晒されたのである。

しかも、この実験は福島の事故の30年も前に行われていたのである。

東電も政府もこの紛れもない事実をいまだに隠し通している上に、女川、敦賀、島根の三つの原発を廃炉にする手続きにさえ、いまだに着手していない。

これは明らかに政府の国民に対する裏切り行為なのであり、反民主主義的な政策であり、絶対に許すことはできない。彼らは国民の生命と財産を守るという極めて大事な行為をすら完全に放棄している。

原発事故を予測していなかった政府と東電

このように原発の導入や事故後の対応に関しては、政府はでたらめであった。

事故の3日後にはLevel 7に達していたが、そう報道したのは1カ月以上もたってからであった。事故発生と同時に米国防総省は日本政府に対して支援を申し出たが、日本側は「我々だけで対処できる」とにべもなく断っている。
日本側からこの報告を受けた米エネルギー長官スティーブン・チューは大統領に電話をかけ「日本の原発事故は深刻であり、すぐに全面的な支援をしないと大変なことになる」と進言したためオバマ大統領は直ちにactionをとった。

米当局は「日本任せにしていたら解決は遠のいて国力が急速に低下し、北東アジアでのpower balanceが崩れる」と懸念していたのだが、日本政府側が米軍放射能被害管理特殊部隊140人と他国からの専門家の派遣を容認したのはなんと1カ月もたってからであった。

米欧の原子力関連の危機管理体制では、災害が起きることを前提とした官民合同対策がとられており、遠隔操作Robotの開発から運用までもが組み込まれているが、日本ではそのようなことは一切行われてはいなかった。その結果、欧米各国から原発事故対応Robotの提供の申し入れがあったにもかかわらず、日本側は「残念ながらわが国には動かす人がいない」と断って恥を天下に晒している。

日本は世界に誇るRobot大国だけに、経産省の前身である通産省は30億円もの開発費を掛けて原発事故対応のRobot6台の開発を民間の会社に要請し完成させていた。

しかし、わが国の電力会社はすべて「原発は安全だからRobotなど必要としない」として見向きもしなかったのである。

手抜きがばれた福島原発のbackup system

日本原子力研究所（現日本原子力研究開発機構）の元研究室長だった笠井篤氏の告白によって、福島原発の不祥事の核心部分は東電の手抜き工事に起因していることがはっきりした。彼は次のように述べている。

「原発は緊急停止と共に非常用発電機が稼働して冷却水を循環させることになっているが、福島原発では剝きだしの非常用発電機が地下に据え付けられていたために簡単に水没してしまい、冷却水を手順通り循環させられなかった。

この結果、核燃料棒が露出して水素爆発が連続して起こった。アメリカでの仕様の中で、最も厳しい条件下での非常用発電機は潜水艦並みの耐水構造となっている上に、万一これが稼働しない場合には、直ちに外部電源を引き込める手筈が整っており、この二重三重のbackup systemによって事なきを得ているというのが実情である」と。

地震多発国日本では非常用発電機の仕様は最も厳しい条件のものを採択するのが筋であり、もしもそうしていたら今回についても原子炉は無事に制御され、これほどまでに多方面に放射能をまき散らしたりはしなかったであろう。

原子力の専門家がここまで実情をつまびらかにしていることからも明らかなように「日本の原発は出来うる限り安上がりにすむように設計されている」ということを如実に証明している。従って、地元住民はもとより、日本全国の人たちがこぞって心配している最悪の事態は、明らかに東電が引き起こした人災なのであり、それと同時にこのような杜撰な設計や対処策を認可した政府にも、償いきれないほどの大きな責任があることは明々白々である。

今から6年以上前の2010年8月26日、福井県敦賀市の高速増殖炉「もんじゅ」で大事故が発生した。直径46cm、長さ12m、重さ3・3tもの原子炉内の中継装置が原子炉容器の中に落下してしまったのである。「もんじゅ」は1994年4月、初の臨界（核分裂反応の継続的状態）に達したが、その後40%に出力を上げ国の検査を受けていた。ところが1995年12月8日の運転中にNatrium漏えい火災事故を起こしてしまった。この後、長期にわたり停止しており、ようやく2010年5月6日、14

年半ぶりに運転が再開されたばかりであった。

max 1・3%の低出力の第1段階の試験を終え、その年の春から予定されていた40%出力運転のため、燃料交換を行った後で「炉内の中継装置」を原子炉容器から引き抜き撤去する際に落下事故を引き起こしてしまったのである。落下場所が悪ければ燃料集合体を直撃し、燃料破損、放射能物質放出という重大な事故を招いていた可能性が高かったが、原子力機構は放射能漏れがなかったと強調し続け、「問題はなかった」ことにしている。

「元京都大学原子炉実験所講師の小林圭二氏によると「軽水炉で冷却水の漏れが日常茶飯事であるのと同様、高速増殖炉でのNatrium漏れもしょっちゅう起こっている」そうであり、知らぬは国民ばかりなりということになる。

高速増殖炉は主要各国がそれぞれに長年にわたって開発してきたが、日本を除くすべての国はすでに20年以上前までに完全に撤退してしまっている。

その理由は①危険が大きすぎる、②経済的に成り立たないの2点だが、日本は一向にやめず1兆3000億円もの巨費が投入されている。この巨額の金に群がっているのが原子力関係の学者や専門家たちであり、この金が断たれたら困る人たちばかりである。だからこそ今回の原発事故に関しても、これらの人たちは異口同音に「大した問題ではない」「なんとか乗り切れるだろう」と楽観的な意見に終始しながら必死になって世論の鎮静化に努めている。

抜本的見直しが必至の日本の原子力政策

日本の原子力政策は溜まり続ける軽水炉使用済燃料の活用を高速増殖炉に託していたため、これを断念することになれば政策そのものが破綻する。かつては高速増殖炉さえ完成すれば1000年分以上の電力が賄えるという、はかない夢があった。

こうした矢先にもんじゅの事故に引き続いて福島原発事故が発生してしまったのである。

現在、わが国に設置されている原発は18カ所54基であり、建設中ならびに建設準備中の原発が6基あるが、その中でも中部電力の浜岡原発（静岡）は東海地震の断層の真上に建っており、四国の伊方原発もまた地震の中央構造線上に位置しており、危険この上ない。これ以外の原発についても、この際地殻変動上の問題にも加えて安全対策上の問題を徹底的に検証した上で稼働の可否を決定すべきであり、各地で稼働停止の訴訟が起こされる可能性が高まっている。

わが国には九つの電力会社があるが、その中でも東電の存在は部外者の想像を遥かに超えるくらいに大きく、電力会社の中でも今回の事故以前は一際聳え立っていた。それだけに「東電に右へ習え」がこの業界の習いとなってきたのであるが、その別格官幣大社的存在の東電そのものが手抜き工事を平然と行っており、今回の対応で国民一般から軽蔑の眼で見られるようにさえなった。

この東電が非常用発電機を剥きだしで地下に設置していたということは、他の大部分の電力会社も同様な処置をとっているに違いなく、米国のように潜水艦仕様で非常用発電機を守り抜こうとしている電力会社など、この日本には到底ありえないと判断される。40年近く前に建てられた福島原発の建設時における想定マグニチュードは北陸電力志賀原発と同様６・６であった。

しかし、この時の想定最高津波の高さは精々５・５ｍであり、これに対して今回の高さはその３倍近くもあった。つまり、１０００年に1度の大地震ではなく、Ｍ７〜８程度の通常考えられる規模の地震でもあっさりと水浸しになっていたと考えられる。だからこそ東北大地震の「Ｍ９」という巨大な規模をとりあげての言い訳は許されない。

東電と同じように非常用発電機を剥きだしで地下に設置している原発は直ちに運転を中止した上で安全対策を実施しなければならない。今回は東北電力の女川原発の方が震源地に近かったが、この原発はたまたま地上15mに設置されていたために難を免れた。その理由は、海沿いの低地はすべて民家で埋め尽くされており、このような場所しか建設できる場所はなかったからである。

今回の福島原発のような事故があちこちで起こる可能性を見過ごしたままでいいのかどうか、それぞれの地域levelでの十分な検証が必要不可欠である。

福島での原発事故を受け、すでにドイツに続いてスイスが原発全廃を決めた。フランスを除くその他の国々でも原発反対が世論の大勢を占めつつある。

天然energyの殆どすべてを海外に依存せざるを得ない日本では、これまでは原発が唯一の切り札であった。その夢が脆くも崩れ去った今日、我々は再び原点に立ち戻って「これから先の経済運営」を真剣に考えなくてはならない。

何度も言うように日本は世界一の地震多発国であり、なんとM７以上の地震の内の1割強が日本列島で起こっていると言われている。つまり、このちっぽけな国のどこで起きてもおかしくはない。その上に首都直下型の地震と南海トラフでの地震の可能性が高まりつつあるという。もしもこれらが起こった時に国内で数基の原発が稼働していたら、複数箇所の原発が事故にあい、地域住民は福島並みの悲惨な状況へと追い込まれる。それればかりではない。日本の経済活動は大きく阻害され、株価はたちまち暴落すると同時に立ち直りは遅々として進まないであろう。そうなった際に株式市場に大量に投下されている年金基金は大損害を受けることとなる。だからこそ、このようなrisk資産に大量に投下するのは間違いである。

野党は昨年の実績をもとに政府に迫った。「5兆円もの損失をどうしてくれるのか？」。これに対して安倍首相は胸をはって答えた。「株式投資は短期で考えるべきものではない。確かに去年は損をしたが、過去数年間を見れば十分に儲かっている」。ここでやりとりは終わっている。つまり、野党は首都直下型地震や南海トラフが起こったらどうなるのか？　という究極の質問をぶつけることすらやろうとはしない。そこまで頭が回っていないのかもしれないが。

政府は目先の貿易収支を考慮するために、少しでも多くの原発を稼働させようとしている。もしも地震がないのなら、その考え方は適切である。しかし、日本ほどの地震多発国で大地震にあえば、一挙にこの考え方は崩壊する。つまり、国内で福島並みの地震被害が数カ所で起きれば経済活動は大きく阻害される。

そうなってしまえば原発にかじりついていたことそのことが大失策となってしまう。そのような危険をも顧みずに、目先の収支だけで原発を動かすべきかどうか？　これは一政府の問題ではなく、国家的な課題である。

アルプス以北のヨーロッパでは地震は収束しており、起きる可能性は極めて低いと言われている。それにもかかわらず、福島原発の事故を契機にドイツはたちまち２０２０年を一区切りとして原発の全廃を決めた。これこそが国民の生命と財産を守り抜く「民主主義的な政策だ」と断言することができる。それにもかかわらずこの地震多発国で同じような政策がとれないのか、理解に苦しむ。

第３章

時代はますます進展していくが、その中で守り抜くべきは民主主義である

なぜこの章を設けて多くの頁数を割くのか？

現在は、いよいよこれから本格化してくる『大変革期』の転換期にあたっている。今でさえ、就職氷河期に出会った若者たちの職業の多くが悲惨な状態におかれている上に、非正規社員の割合はついに４割の水準に乗ってしまった。

ところでこれから国際競争がますます厳しくなる。かつて先進諸国だけが富み栄え、新興諸国が立ち遅れていた時代があった。しかし、新興諸国が先進諸国にcatch up し労賃の安さをテコにして、先進諸国を脅かすまでになった。

その結果、新興諸国は年率５％以上の成長率を見せているのに対して、日本やギリシャ、スペイン、ポルトガル等々はzero成長を余儀なくされている。

そのような状況の中で、ドイツは今流行真っ盛りのＩＯＴを駆使し、その上に

communication機能までをも加味したＩＣＴ（Information and Communication Technology）により、産業を活性化しつつある。

彼らは10年後を見据えて『第４次産業革命』を実現させようとしており、『Industry 4.0』を合言葉にしながら日々生産性を向上させつつある。

この際のmain themeは『製造業の革命的進化』であり、材料や半製品等々の相互交信が重要な役割を担っている。

対象物の全てにはtagを取り付けられ、欠品の自動補てんから欠陥の認識、その後の補修から製品出荷後の稼働状況把握に至るまでをcatchした上で、totalとしての最適操業を目指している。

ドイツに続いてアメリカでも同じような動きがみられているが、アメリカでは『Industrial Internet』と呼称されている。しかし、その中身はドイツと変わることなく通信機能をfull活用しながら生産性の飛躍的向上を推し進めている。

この試みが完結すれば、今まで工場に張り付いていた単純労働者が不要になると言われているが、この際整理されるのは全労働者の約半数だという。

それだけに独米でこれらの企てが完成すれば、新興諸国の製造業をすら上回るだけの生産性をあげられることになる。このような経過を辿りながら、過去においてものづくりの主役が先進諸国から新興諸国へと移っていた動きが逆転し、今度は再び先進諸国へと里帰りすることになるというのである。

ところがここで大きな問題が生じてくる。つまり要らなくなった単純労働者は一体どうなるのか？　ということである。一層進化を遂げた社会では複雑なsystemをfull稼働させることのできる優秀な技術者はますます必要となるが、単純労働者は機械やsystemに置き換えられてしまう。その結果、あぶれた人たちは無職のままになる可能性が高い。この人たちを社会的にどのように救済するのかが、これから先、大きな課題として浮上してくるであろう。

資本主義は民主主義と相いれない。資本は「最大限の利潤の追求」を主眼としているだけに、要らなくなった単純労働者は有無を言わさず、直ちに解雇する。

そのような危険極まりない未来がどんどん迫ってきているだけに、この問題にspotlightを当てざるを得ない。

憲法では基本的人権として「すべての個人に対して健康で文化的な最低限度の生活

を保障する」とうたわれているが、資本によって多くの人たちが排斥され、失業状態が顕在化するようになれば国家が救わざるを得ない。しかし、その肝心要の国自体が競争に負ければ、救えるだけの財源すらなくなってしまうであろう。

我々にとって現在の主目標は憲法の内の永久平和を守ること、つまり戦争をしないということである。従って、今回本書ではこの問題を冒頭に掲げた。

しかし、この段階を過ぎると、次第に「基本的人権問題」が重要なthemeとして浮かび上がってくる。つまり「健康で文化的な最低限度の生活を保障する」という規定である。そのため、本章では今後世の中はどのように推移していくのか？　その結果どのような事態が惹起するようになるのか？　について述べる。

学生諸君や若くて勤務中の皆様方は、このような先行きについてしっかりと触角を働かせながら、新時代の知識と理解とを深めるように努力していただきたい。

そして、どうしても困った立場に立たされた際には、それまでに守り抜いてきた憲法をよりどころとしながら、政府にしかるべき面倒を見てもらうように頼まなければならない。つまり、民主憲法をみんなで守り抜くことは、全国民にとって重要なことなのである。

ところで日本の将来に関して筆者は厳しい見方をしている。その理由は次の通りである。

(1) 過去二十数年間、わが国は１０００兆円もの財政資金を傾けながら、公共投資にも十分な額を投入して経済を下支えしてきた。それにもかかわらず一向に経済は浮上せず、横ばいのままであった。もしも、１０００兆円の下支えがなかったら、少なくともminus２～３％だったであろう。この１０００兆円は孫子の代の資金を使い込んでしまったのであり、極めて大きな問題である。

現在の政府はこの穴埋めをする気が全くない。

(2) 安倍内閣の政治は華々しいappealだけが目立つが、経済面での実績は横ばいであり、ギリシャ、スペイン、ポルトガル並みの数値しか達成していない。

今後とも経済を浮上させるだけの力はどう考えてもありそうにない。

(3) 過去において１０００兆円もの財政資金を投入したにもかかわらず、自民党内閣は経済を浮上させられなかった。今後はもう使うべき財源はなく、逆に緊縮しながら赤字を補てんせざるを得ない立場に追い込まれている。そう考えると先行きの厳しさは想像を絶する。

(4) 米独の２カ国は先頭を切って第４次産業革命を達成させようと必死になって

いる。その際のbasic technologyはＩＴであり、ＩＣＴであるが、米独に比べて日本はこの面ではabilityもknow-howも劣っている。従って、今後とも何回かの周回遅れでついていくしか方法がないであろう。

(5)　この他のfactorとしてはＡＩ（人工知能）とRobotがある。この内、日本はRobotに関しては一日の長があるが、ＡＩに関しては完全に出遅れている。その上、今後はRobotとＡＩとが融合するので、国際競争は「ＡＩ＋Robot」という範疇で行われることになる。この面で日本が独米に先んずるのは容易なことではない。

これだけの前書きをした上で次に今後の問題を論ずることにしよう。

資本主義の限界と中産階級の没落

１９９６年、ハーバード大学の元教授サミュエル・ハンチントンは『文明の衝突』を出版して世界に衝撃を与えた。彼は来るべき未来には文明の衝突によって世界中が荒れ狂い、全世界が二大勢力に分かれて第３次大戦を起こすと予言した。

その時までに日本は経済大国となっている中国の傘下に入ると予言していた。また太平洋から攻め込んでくる連合国側を、中国はロシアと結託して迎え撃つと大胆に想定していた。

それと同時に、夫婦共に未来学者であるアルビン・トフラーとハイジ・トフラーは、『第三の波』『未来の衝撃』『大変動』『未来への提言』『未来適応企業』『パワーシフト』と題する書籍と論文を次々に発表し、『戦争と平和』『Jamerica の危機』をも追加出版して世論に訴えた。「Jamerica」は「Japan ＋ America」の略称であり、その将来については彼らなりの結論を出している。ところでこの稿に先立つ筆者の小論文『資本主義の限界』でも明らかにしたように、資本主義は今や最終段階にさしかかりつつある。即ち、それは「あくなき自己増殖欲」に基づき、市場に投入されるべき需要までをも貪欲に吸収しつつあるのである。

その結果、この日本においてすら企業のtopたちの年収は急上昇しつつあり、２０１５年には年収1億円以上の役員が４１４人に達している。あの大幅赤字企業「ソニー」を復活できないまま虚しく4年以上もの歳月を浪費した平井一夫社長でさえ、２０１６年3月期には何と8億円もの大金を懐にしまい込んだ上で、４年間に1万人もの人員削減を行っている。

日本の大部分の企業は今や負け犬同然となっており、360兆円もの資金を明日のために投下しようとはせずに内部留保しており、利益をひねり出すために労賃をカットし続けている。それどころか欧米、特にアメリカの資本家たちの所得の巨大さは、我々の想像を遥かに超えている。その結果、上位数パーセントの資産家たちが国の富の大部分を専有している。このような経過を辿りながら現在までの二十数年間に、アメリカの中産階級は1600万人以上も減っている。

従来その階級の主体を占めていたのは製造業に携わっていた人々であったが、彼らは相次ぐ合理化のために次々に追い出され、service業へと転落している。その結果、所得は一挙に半減する一方で、夫婦共稼ぎしなければ家計を賄えなくなってしまっている。

資本主義が世界全体を潤していた時代は終わった!

第2次世界大戦中、中東諸国では次々と大規模油田が発見された。戦後これらの油田が大々的に開発され、膨大な原油が低価格で全世界に供給されるようになった。その結果、先進諸国は史上稀に見る高成長時代を迎えられることとなったのである。ところで中東諸国にはIslam教の信者たちが大勢いる。彼らは資本主義諸国が大規模な初期投資を行ってくれたことと同時に、原油を大量に買い上げてくれたことにも感謝していた。またその上に、中東各国の国土開発のために注力した実績にも敬意の念を払っていた。つまり戦後の数十年間、資本主義諸国と中東諸国は文字通りwin-winの関係に立っており、良好な関係は何時までも続くかに見えていた。

しかしその後資本主義が行き詰まるにつれて、先進諸国の経済発展に急ブレーキがかかる一方で、アメリカではshale gasの発掘に成功し、energyの自給が可能となった。この結果、世界市場での原油価格が急落し売れ行きが落ちた。

この結果中東諸国の財政事情は悪化していった。そうした傾向と比例する形で先進諸国での賃金切り下げが一般化するようになった。このような状況が全世界を覆うようになったために、あらゆる国々で民衆の不満は爆発寸前にまで高まってしまったのである。この流れが先進諸国では「移民排斥運動」となり、逆にIslam教諸国では「Christ教諸国に対する宗教的な反発」の形を取り「文明の衝突」が始まった。このような歴史の流れの中で、イギリスでは「移民流入阻止を目的としたＥＵからの離脱」が国民投票によって可決されたが、Islam教諸国では「異教徒によるIslam教徒いじめ」という意識が民衆の間に広く蔓延するようになり、怒り狂った一部の勢力が結集して「ＩＳ」の旗印を立てだした。

そればかりではない。驚いたことに先進諸国の中の不満分子までもがＩＳに共鳴し、戦闘員として参加しつつある。このような形を取りながら年とともに高まりだした先進諸国への反感は、やがて中世におけるIslam教徒とChrist教徒の対決にまで遡りだし、遂には欧米諸国を「十字軍」呼ばわりをするまでになった。

つまり、Christ教徒が大挙結集してIslam教徒を追い詰め迫害した仇討ちを、今こそ祖先に代わって果たすべきだという主張が多くの若者たちの共感を呼び起こすまでになったのである。これこそは宗教戦争であり、『文明の衝突』に他ならない。

今を去る三十数年前、サミュエル・ハンチントンはいずれこのような時代が間違いなくやってくると予見し、それがどのような形を取りながら進められるのか？　その挙句どのような結果を巻き起こされるのか？　を理論的に解析し、後の世の人たちのために書き残した。

また、アルビン・トフラーは『第三の波』の到来を理論的に解明した上で『パワーシフト』の必然性を解き明かし、その上で『未来の衝撃』を書き上げ、この巨大な時代変革の波が引き起こす衝撃にまで言及するようになった。その思いが更に推し進められて『Jamerica の危機』にまで及んでいることには驚きを禁じ得ない。また『戦争と平和』について述べている。

❒異教徒惨殺が今後踏襲される可能性が高まる

２０１６年７月初めラマダン明けのバングラデシュで、乱入した暴徒たちによって異教徒たちが惨殺された。日本人７名、イタリア人９名、アメリカ国籍のバングラデシュ人２名とインド人が犠牲となった。Koran を諳んじていない者たちが血祭りにあげられた。日本の国土面積の４割しかないバングラデシュには１・６億人も住んでいるが、内９割が Islam 教徒である。インドネシアやマレーシアにも沢山の Islam 教徒たちがいるが、他のアジア諸国でも Islam 教徒が大勢いる。顔が似ているこれらの人たちを異教徒と見分けるためには、Koran の暗唱が決め手となる。今回の terro では今までにはなかった「無条件での異教徒皆殺し」が初めて実行された。もしもこのやり方が『Islam 教徒たちの今後の行動の規範』となれば、海外に出かける日本人には絶えず殺される危険がつきまとう。この結果、日本人の殆どが海外への渡航を差し控えるようになったら、日本経済は取り返しがつかないくらいの深刻な打撃を受けるであろう。

今回、押し入ってきたterroristたちに向かって一人の日本人が"I'm a Japanese!"と大声で叫んだが、これは「殺してくれ！」と訴えたに等しい浅はかな行為であった。彼は日本人だと言えば手荒な真似はされないだろうと思い込んでいた。つまり、彼の意識は「安倍首相が出しゃばる前の時代感覚のまま」に留まっていたのであった。憲法第9条をひたすら守り抜き、全世界から平和国家だと思われていた時代における日本人と、現在の日本人とではterroristの日本人に対する考え方はまるで異なっている。

昨年の春、安倍首相がヨルダンで「有志連合の一員として断固terroと対決する」と言わずもがなの発言を国際TV経由で行って以来、「日本は十字軍の一味だ」との判定が下された。安倍首相は憲法を改正してまで米軍と共に地球上のどこででも戦おうとしているために、いずれIslam教徒と戦火を交えることになるだろう。もしもそうなったら、事態はますます悪化の一途を辿ることとなる。

大多数の日本人は何故か平和ボケをしており、安倍内閣がどんなにひどい政策にのめり込んでも、自分はおろか他の日本人たちの生命にかかわるようなことにはならないと思い込んでいる節がある。そのため彼が率いる自民党の支持率は落ちない。今回の参議院選挙ではまたまた与党が圧勝し、憲法改正を可能にする3分の2を確保した。この結果は日本国民の総意なのでその事実をありのままに認めるしかない。しかし、世界を覆う新しい波を受けてIslam教徒の一部が立ち上がったり、資本主義国内でも民衆の怒りや反発が高まり新しい動きが散見されつつある中で、なぜ日本人は世界の流れに即応した現状改革への意欲を示さないのか、不思議でならない。

国民は今回、今までの安倍首相の生き方を是認したが、そうなるといずれ憲法は改められ、自衛隊は遠く地球の裏側でも米軍と共に戦うようになるだろう。それより前に海外にいる日本人の命が狙われる。

そうなればインフラ整備事業は頓挫せざるを得なくなるだろう。また中国敵視政策の結果、世界最大の市場における日本のshareは高まりようがない。

そうなれば日本経済のお先は真っ暗になってしまうことになるのだが、今回の選挙によって「それでもいいのだとする結果が出た」のは残念でならない。

日本の電機産業の凋落とその後の見通し

話は変わるが、日本産業界の中で現在に至るまで世界的な競争力を維持し続け、日本経済を強力に引っ張ってくれているのは自動車産業だけであり、かつて旺盛な力を発揮していた電機産業は負け戦が続き、存在価値は見るも無残に下がってしまった。そこでこの業界では今後の生きる道として海外での原発事業とインフラ整備事業を主軸としているが、主要対象地域はIslam教徒が大多数を占めている。

ところで日本の電機産業の業務内容を区分けすると次の通りとなる。

①電気関連事業（家電事業、発電事業、送電事業、配電事業）
②電子関連事業（半導体を基盤としたelectronics関連事業）
③インフラ整備事業（国内市場には限度があり海外市場が主体）

(A) ①の内、最もpopularなのは家電事業である。この事業は戦後30年以上にわたって旺盛な伸びを見せアジア市場を席巻するまでになったが、80年代以降台頭してきたアジア勢に席巻され撤退を余儀なくされた。東芝の家電事業は中国の『美的集団』へ譲り渡し、シャープは『ホンハイ』に買収された。

(B) ①の内の発電事業は石炭火力、石油火力、LNG火力と原子力発電とに分けられるが増大する需要を捕捉しようとすれば、アジア諸国が中心となる。

(C)　②は電機産業の中でも最も重要な中核事業であるが、日本はＮＡＮＤ型flash memory以外の半導体事業分野で全面的に敗退してしまった結果、electronics事業全般でも他国の後塵を拝することとなった。従って、最も大事なこの重要分野での全面的な活躍は今後期待しにくい状況にある。

(D)　このため残る手段としては広大なアジア市場におけるインフラ整備が日本にとって最も大事な分野となる。そのため、安倍内閣は強力に後押ししている。

このインフラ事業を進めていくためには、今後とも大勢の人たちに先兵になってもらわなくてはならない。ＪＩＣＡはそのための重要な役割を担っており、現在も大勢の人たちが世界各地に派遣されている。しかし、もしもＩＳが今後とも今回のような異教徒抹殺のやり方を踏襲するようになれば、新興諸国を援助しようという機運はそがれることになるであろう。円借款をbaseとした大規模なインフラ事業は、国としても企業としても大きな収益と結びつく大事な事業である。そのため、被援助国側の人たちがこうしたインフラ事業をどの程度評価してくれるのか？　それとも自国に乱入してきて大儲けをするけしからぬ人たちと思われてしまっているのか？　この辺りを再度十分に検討し直してみる必要がある。

今後Islam教徒対Christ教徒のせめぎ合いや殺し合いは、数限りなく繰り返されることになるであろう。今回起こったような惨劇が繰り返される度毎に参加希望者は激減していくであろう。

❐安倍政権が推し進める二つの相反する政策

安倍首相は政権の基盤を強化するために「アメリカ寄り」の政策をとり続ける。そのため憲法を改正してまで米軍と共に地球上のどこででも戦えるだけの基盤を整備しようと躍起になっている。しかし、この方針を貫き通すのであれば、今後いよいよ本格化する『文明の衝突』に際して欧米のChrist文明側につくことを旗色鮮明にしなければならない。そうすれば駐在する場合であろうと旅行する場合であろうと、日本人が外国に出て行けば何時でも殺される可能性を否定することができない。こうなると必然的に海外勤務を忌避する傾向が高まるであろう。それにもかかわらず首相は外遊の際に五十数名もの企業幹部を従えインフラ整備の売り込みに余念がない。

もしもインフラ整備を諦めてしまってまでもアメリカにのめり込むのであれば、それはそれなりに一つの選択肢であろう。しかし、アメリカ一辺倒の態度に固執したまま欧米と共にIslam教徒たちと全面的な対決姿勢を取り続けるのであれば、新興諸国でのインフラ整備を大々的に進めようとするのは自己矛盾であり筋違いでもある。terroで日本人が惨殺される度毎に日本政府は「断じてterroは許さない。敢然としてterroに立ち向かう！」と声高に叫ぶ。しかし、今後は『文明の衝突』が日常茶飯事になり、terroによる殺害が当たり前となる。そんな折、日本政府の遠吠えは更に一層terroristたちを激高させ、摩擦を高めるだけであって、なんの役にも立ちはしない。

かつて日本が満州に進出していた折、日本兵や日本の居留民たちが匪賊に襲われていた。13歳前後の頃にそんな話を聞いていた当時、単純に匪賊たちを憎んだが、よくよく考えてみると、その匪賊たちはかつて満州に住んでいて日本軍から土地を取り上げられた哀れな農民たちだったのであり、抵抗するのは当然の権利であった。つまり、彼らは命を賭して「日本の悪業に対して敢然と立ち上がった義賊」だったのである。ただし、だからと言って今回の事件の首謀者たちの行為を許すわけにはいかない。ただ裕福な家庭に育った上に海外で高等教育を受けた若者たちが、なぜ今回のような惨劇を行ったのかについて、その根本的な理由をつきとめなければならない。

戦争中のように、殺し殺される国同士がただひたすら相手を憎み続けていれば、争いはendlessとなり、惨禍は拡大の一途を辿るのみとなってしまう。

現在までの日本政府のやり方や態度では問題解決の糸口は見出されない。

日本政府の考え方をそのまま受け取れば、ただひたすらterroristを憎み、闘争心を助長させるだけとなる。今回の暴徒たちは次のように言及したという。

「なぜお前たち異教徒は、イラクやシリアで罪もない我々同胞たちを無差別爆撃で大量に殺しているのか？」「そんな野蛮な行動を繰り返すから、我々も立ち上がらざるを得ないのだ」と。

米軍はベトナムで大量の枯葉剤をまき散らし、大勢の無辜のベトナム人たちを大量に殺戮した上で、無数の奇形児までをも生み出した。このような非道な仕打ちに抗議して立ち上がったのは米国内の若者たちであり、大規模なストが米軍撤退に繋がった。しかし、日本政府がアメリカ政府に真正面から抗議した事例は唯の一件もなかった。

世界史は大きな分岐点にさしかかっている

世界は明らかに新しい時代へと様変わりしつつある。渦中にいる我々には時代変革の波を読み取ることができないが、あと10年もすれば「あの当時こそ歴史の大転換期だったのだ」と思い起こすに違いない。それほどまでに世界は大きく変わりつつある。その根本原因は「資本主義の限界」である。つまり資本主義が爛熟期に入り、圧倒的なpowerで世の中を支配するようになったために引き起こされた結果なのである。その際の最大の問題は「あくことなき富の収奪」であり、その結果としての「貧富の差の急拡大」である。

２０１５年の春、フランスの経済学者であるトマ・ピケティは世界中の国々の膨大な資料を紐解いた上で「所得分配面での問題点と、それがもたらす社会的な影響」を明らかにした。つまり、彼は第２次世界大戦前における富の収奪に光を当てながら、戦後の三十数年間この問題が大きく是正されたことを明らかにした上で、その後尻上がりに不平等が加速されつつある実態にまで光を当てた。

その結果、現在のように資本を横暴にさせ続けておれば、やがて社会は行き詰まるだろうと結論づけたのである。富をあくなく収奪し、働く者たちの収入が減り続ければ需要は限りなく縮小していき、deflationが世の中を覆うようになる。

そのために、なんとか無理にでも需要を喚起しようとして通貨の発行を止めどなく行う。しかし、そんなことをしてみても実需には結びつかず、有り余った金が宙を舞い、金利が限りなくzeroに近づくどころか、更にminusの金利という異常事態に達してしまう。その結果、世界的な低成長から抜け出せなくなり、原油価格をはじめあらゆる資源価格が下落したまま復活の兆しを見せなくなってしまう。そのような状況が世界を覆い尽くすと、株価も地を這うようになる。

そんなことではfund勢が立ち行かないので、無理矢理に株価を上下動させ、値幅取りでなんとか収益を確保しようとする。


このような状況が続けば、従来先進諸国経済のおこぼれ頂戴で潤っていたIslam教諸国の経済は極度に不振となり、移民希望者たちで溢れ返るようになる。

ところが先進諸国では受入れ人数を制限する一方で、移住している人たちの働き口までもが極端に少なくなり、雇われ続けている人たちの賃金までcutされることとなる。このように資本主義は行き着くところまで来てしまった結果、追い詰められたIslam教徒主体の国々は、現在のこの哀れな状態を乗り越えるために立ち上がっているのである。

即ち、もはやChrist教徒主体の国々の言うままになるのではなく、自分たちの主張が通る世界へと切り替えなければならないという発想に立ち返った。

そこにかつて頭の隅にあった十字軍との戦いが蘇ってきた。「そうだ、今こそ自分たちが十字軍の子孫たちを蹴散らして主導権を取り返す時代が来たのだ」と決意したのである。その一方で世界中の先進諸国でも、資本主義の限界がつきつける数々の問題が浮上してきた。その結果が「アメリカのトランプ」であり「フランスのル・ペン」である。つまり、彼らは従来のしがらみの一切をかなぐり捨てて、新しい時代を切り拓く新しいやり方で次の世代へと進もうとしている。

またこれと同時に沸き起こったのが、イギリスのＥＵからの離脱であった。

資本主義の限界が引き起こす矛盾とその結果

こうして考えると「アラブの春」、「ＩＳの出現」、「terroの頻発」、「世界的な低成長」、「各国における政治的混乱」、「各国での貧富の差の拡大」、「イギリスのＥＵからの離脱」、「主要国で深刻化するdeflation」、「金余りによる超低金利」、「奨学金破産」、

「老後破綻」、更には「ＩＯＴ」、「ＩＣＴ」、「第４次産業革命」、「ＡＩとRobotによる生産革命」に至るまで全てこれらを引き起こしている原動力は「資本主義の限界が引き起こす矛盾」そのものだと言うことができる。

つまり、これらは全て地下茎で繋がっているのである。

第４次産業革命は、先進諸国経済の停滞と新興諸国の勃興という対立軸の中で必然的に考え抜かれた製造革命であり、その基本は単純労働をＡＩとRobotによって置き換えるという意欲的な試みである。

しかし、それに先立ちドイツの企業「アディダス」がRobotと3D printerによって「靴の無人製造の可能性」を明らかにした。同社のヘルベルト・ハイナー社長は、このほど「speed factory構想」を打ち出し、今後の意欲的な行動計画を発表した。同社は過去30年間、靴の生産をヨーロッパから韓国、中国、ベトナムへと移し替えてきた。靴の製造のように労働集約型の事業では労賃の安さが最大の決め手となっているので、ドイツでは成り立たない。ところがＩＴやＡＩの進歩とともに、Robotの高性能化と3D printerの飛躍的な技術革新によって24時間の自動操業の目途がたち、人件費の高いドイツでも僅かな人員で大量の靴をspeedyに製造することが可能になった。

この結果２０１７年の後半にはドイツで、２０１８年にはアメリカで製造が開始される。その上、日本には２０２０年までに新しい製造体制の整備が完了するとのことである。

消費地に立地した上で超高能率的な製造方式を実現させられれば、消費者に届くまでの時間は今までの６週間後から一挙に丸１日までに短縮させられる。もともと靴は用途や色柄、その上size等々がまちまちだが、この新しい製造方式によって無駄の少ないcustomize生産（一品毎の少量生産ながら大量生産並みの効率での生産）が可能となり、流行の変化にも即応できるという。同社では年間に約３億足を作っているが、需要は毎年15％ずつ伸びているという。同社長はとりあえずアジアでの生産を続けながら、増加分の４５００万足の設備を最新鋭の製造方式に置き換えようとしている。こうした製造機械を導入すれば、誰にでも靴の生産販売に新規参入できるが、同社長は「個人にも靴生産の権利やsoftを販売するつもりだ」とも述べている。

この事実からも明らかなように、今後あらゆる商品の作り方が劇的に変わることとなるが、それに伴い必要とされる作業員の数がどんどん減っていくこととなる。

資本主義体制そのものに内蔵されている自己矛盾により一部の人たちに富が集中する結果、需要は減り続ける。日本ではその上に少子高齢化によって人口が減少していくので市場の委縮は年とともに激しくなる。そうなると資本はますます高度な技術に頼るようになって人減らしがまた更に進む。アディダスの場合も当面はアジアの製造拠点はそのまま残し、追加分のみ新製造方式を導入するが、アジアの製造拠点が老朽化すれば全面的に撤収し、需要の中心地域に新製造方式を設置するというのである。

先進新興両諸国における製造拠点の劇的転換

２０１０年代の初めまで長きにわたって製造拠点が先進諸国から新興諸国へと移り変わっていった。日本でも相次ぐ円高に伴い、製造拠点はアジアを中心とする海外へとdynamicに移転していった。こうした傾向が今後は劇的に変化し、今までの傾向とは逆に新興諸国から先進諸国へと舞い戻ることになりそうだが、やがて第４次産業革命の進展とともに、この動きはますます加速されていくこととなると想定される。

我々は先ほど原油や資源の関連で先進諸国の積極的かつ大々的な進出が減速し、やがて大きな引き潮となっていく様子を垣間見てきた。これと同じ動きが、今後のアジアその他の地域において、製造拠点の撤収や製造委託の解消といった形で次々に実施されることになるであろう。

そうなると、従来の両者のwin-winの関係は崩れだし、大小様々な摩擦と軋轢とが生ずるようになる。こうした流れに沿いながら多国間の関係が様変わりしていくことになる。

つまり、資本主義がその本来の野望を剥きだしにし、徹底した利益の追求に専念し続ければ、あらゆる地域において様々な場面で激しい摩擦が生ずることとなる。製造方式が無人化するにつれて、支払われるべき労賃はどんどん圧縮されていき、その分だけ資本の取り分が多くなる。これに比例する形で市場の規模が縮小していく。つまり、資本が省力化を推し進めればするほど、そして労賃部分を圧縮すればするほど、資本主義は成長の限界に突き当たることにならざるを得ない。

カール・マルクスは「理想的な共産主義体制」を夢見続けていた。未来社会では、労働生産性が高まれば高まるだけ働く時間が短縮していくことになるが、それでいて必要な品物は好きなだけ受け取ることができるようになると主張していた。20歳前後の若い頃には「そんな社会が実現すればいいなぁ」と思っていたが、そうしたことが実現するには「資本そのものが人民の共有物になること」が大前提になっていた。資本が資本家の手に牛耳られておれば、そのような理想は実現しない。資本主義社会に留まる限り、生産性があがっても勤務時間は短縮されない。資本は雇っている人数を減らし、己の取り分をその分だけ増やそうとするからである。つまり、生産性の飛躍的向上とともに労賃総額は下がり続け、資本が獲得する利潤は逆にその分だけ増えていく。この仕組みこそがあらゆる面での矛盾を増大させ、様々な面でfrictionを巻き起こすこととなるのである。

今や資本主義は最高の発展段階に到達しつつある。それと同時にＡＩやRobotが限りなく発達し、世界における製造方式が劇的にinnovateされ、その結果先進諸国と新興諸国との関係までもがdynamicに変化していくこととなる。

ところが何時の時代でも変化そのものにはfrictionがつきものであり、多くの場合先進諸国の思惑に新興諸国が振り回される結果となる。その挙句、様々な国で問題が多発するようになるが、一般大衆もまたその影響の渦の中に次第次第に巻き込まれていく。

爛熟した資本主義と、それがもたらした影響

１９９１年、遂にソビエト連邦が崩壊し『資本主義の全盛時代』が始まったと誰しもが思った。地球上をGlobalismが覆い尽くし多国間の連係playが遍く行きわたった。

先進諸国の資本は積極的に新興諸国へと進出し、安い労賃をfullに活かしながら利潤を大幅に高めていった。日本でも１９８５年のPlaza合意以降円高が急激に進行した結果、輸出に急ブレーキがかかり、多くのmakerが海外進出して行った。この当時、国内では「産業空洞化」を懸念する声が至るところで声高に叫ばれていた。この動きにはそれに伴う二つの影響がある。その一つは、この流れの帰結としての「新興諸国経済の旺盛な発展」であり、もう一つは「賃金の国際的平準化傾向」である。つまり「新興諸国における安い労賃」と「移民の増大」とが引き金となって、先進諸国における労賃が果てしなく切り下げられることとなったのである。先進諸国では正規労働者をできる限り減らした上で、その穴埋めを非正規労働者に肩代わりさせるというやり方が普及しだした。

その結果、わが国では過去20年間に非正規労働者の割合が、13％から40％にまで飛躍的に高められることとなった。ところでこの非正規労働者の賃金は会社によって多

少異なりはするが、一般的に言って「正規労働者の賃金の3分の1程度」と言われている。このような低賃金で、しかも年齢が上がっても昇給しないということになれば結婚は諦めざるを得なくなり、たとえ結婚しても子供は作れない。こうしたことが重なり、人口はどんどん減り続けるばかりとなってしまう。だからこそ誰でも正規社員になりたがるのだが、極端に人数を切り詰められた結果、所要の業務が正社員たちに集中してしまい、大部分の正社員たちは大幅な残業を余儀なくされている。

ところが残業代がまともに支払われているcaseは殆どなく、このような環境におかれた正規社員の中には、体を壊してやめていく社員すら大勢出ている。

これと似た動きは他の国々でも起きている。即ち、先進諸国の資本は絶えず最大限利潤を追求しており、必要とあればどんな僻地にでも進出して行くのだが、不要になってしまえばさっと引き揚げる。そのために想定以上の収益を上げ続けている間は、進出先に対して十分な配慮を行うが、事業環境が急変して悪化していくようになると、態度はたちまち一変することとなる。その結果、進出先の国や企業との間柄も、win-winの関係から一挙に敵対的な間柄へと手の平を返したように変化することさえ、十分にあり得るのである。

21世紀に入ってからこの方、世界経済の雲行きは険しさを増してきた。その大きな要因は、１９９１年のソ連の崩壊後資本の収奪が激しさを増し、市場の狭隘化を一層推し進めたことによる。その結果、引き起こされたのがdeflationであり、売れ行き不振であり、収益の傾向的な低落である。

このような資本の態度は今後とも変わりそうにはなく、依然として加速し続けるであろう。そうなると世界的に矛盾が高まり、いずれ暴発しかねない。

イギリスのＥＵ離脱やトランプ現象は、こうした流れの一貫なのであり、これらを含めて多くの出来事が地下茎で繋がっている。

❐所得格差拡大傾向とＩＳの跳梁とは関係がある

各国における所得格差の急拡大とそれに伴う貧困問題は年々その激しさを増しつつある。つまり、これこそは爛熟期における資本主義がもたらす災いである。

Islam教やアフリカの社会では、世界的な不況の影響を受けて餓死者が続出しつつある。そのため若者たちがなんとかこの苦境を乗り切ろうと必死になっている。日本でも昭和の初めには世界的な金融恐慌の影響で、東北地方では餓死者が続出し、若い娘たちが身売りに出されていた。このような地方の出身者で、なおかつ陸軍士官学校で高等教育を受けた前途ある有能な青年将校たちは、このような状況を打破しなければならないと思い込み、時の政府幹部を皆殺しにするという暴挙に出て、多数の高官たちが血祭りにあげられた。これこそがあの有名な2・26事件である。

今回バングラデシュでは、裕福な家庭に育ち先進諸国で高等教育を受けた若者たちが、これらの青年将校たちと全く同じ動機で、同じ類いの惨劇を引き起こしている。彼らは、旺盛に栄えている国々が以前にはある程度の恩恵を与えてくれていたが、不況とともに自分たちに皺寄せをするようになったと思い込んでいる。つまり、2・26事件の青年将校たちと今回のterroristとの間には、「共通した現状不満」と「救国の信念」ならびに「現状打破に対する止みがたい情熱」とが共有されていたのではないかと思われる。

彼らはrestaurantに突入するや否や、殺す相手を2階に誘導し、いきなり首を刃物で切断しだした。この惨劇に驚いて逃げ出そうとした人質たちはたちまち銃殺された。突入後殺害が終わるまで僅か30分しか経っていない。その一方でIslam教徒たちは全てこの場から解放している。

つまり、彼らの目的は極めてはっきりしており、憎むべき相手だけをこの世から抹殺しようというのである。最も懸念されるのは、このようなやり方が過激派の人たちの中で称賛され、同じようなことをやろうというmemberが、続々と後に続きはしないかということである。

ＪＩＣＡの活動、ならびに海外青年協力隊の海外派遣は再考を迫られざるを得ない。そればかりではない。円高に伴い海外旅行はますます活発になるものと思われるが、今までは安泰だと思われていた欧米各国でさえ危険極まりなくなってしまった。世界各地に大勢いるIslam教徒たちは穏健な人たちが大半を占めるが、中には欧米人と日本人に対して、抑えきれないような反感と憎しみを持っている人たちも多くいる。従って、今後の海外渡航に関しては「命の保証はない」と、覚悟する必要がある。

豪華なcruise船で、地中海やカリブ海、更には茫々と広がる太平洋を航海して回っていた当時「平和だからこそこんな満足が得られるのだ」と心から喜んでいた。しかし、近い将来このcruise船がterroristたちの格好の標的となる可能性が高い。なぜならこれらの船には欧米人や日本人が大勢乗り込んでいるからである。目立たない小型船で夜半にこっそり近寄り、縄梯子をかけてよじ登れば、豪華客船など容易に乗っ取られてしまう。その上で船倉真下のkingston弁を引き抜けば、船は大勢の人たちを乗せたまま海中深く沈んでいく。これが成功したら、ＮＹのTwin Towers崩壊と並ぶ世紀の大事件となるに違いない。

爛熟期の資本主義諸国で激変するものづくり

今から20年もすれば第４次産業革命が本格化するものと見られている。しかし、それに先立ち既に見てきたように、アディダスはＡＩとRobotを駆使して半自動製造方式を導入して需要地立地を推し進め、６週間の納期を24時間後にまで一気に短縮させる。3D printerやその他の発明品が総動員され、従来の生産方式が革命的に変化することになるから、そうした快挙が実現できるのだ。そうなると自動車産業においても、本体の組立産業の革命的な変化に先立ち、部品業界が激変する可能性が高まってくる。多種多様の靴の型紙の読み取りはおろか、柄や色合いまでをも自由自在に判別し、それを製造工程の中に巧みに取り入れながら、flexibleに裁断した上で自動的に編み上げていくという複雑な工程が、僅かなmemberだけでこなせるようになるというのだから、このsystemは革新的である。そのような意表をつく方式がすでに確立し発表できるまでの段階に到達したという事実は、いずれ自動車部品業界に対しても大きな影響を与えることになるであろう。

車1台あたりについては約3万個の部品が充当される。それもバラバラではなく、機能別にmoduleの形にまでまとめられた上で、最終組立現場へと運ばれて行く。靴とは違い、車は圧倒的に大きいが製造工程の自動化に関しては共通する面が多い。2次下請け、3次下請けをつぶさに見て回った限りにおいては、物の形状が複雑ではないために半自動化が既に定着している。しかし、module化に関しては自動化の余地がまだ数多く残されているように思われる。

ところで機能別のmoduleに関しては性能的に大きな差が出てきているが、その上にどこまで自動化を貫徹させ、納期の短縮をどの程度まで徹底させるかによって、今後の国際競争力が決まってくる。つまり、性能面での優劣に加えて、どれだけspeedyに納入できるかどうかで、最終的な組立産業に採用される可能性に大きな差が出てくる。なぜなら今後は需要地立地がますます加速されることになるからである。今まではまとめて大量生産することによりcostをできる限り下げ、その点を生かしながら如何にして多方面に効率的かつ効果的に輸出するかが戦略上の基本となっていた。例えば欧州には日本車を年間約250万台売り込んでいるが、その内の約180万台を欧州で製造し、約70万台は日本と欧州以外から送り込んでいる。欧州で製造している約180万台中、イギリスとEUとでそれぞれ約90万台というのが凡その数値となっている。

これからこの内訳がある一定の期間をおいた上で、ガラリと変わるだろう。

靴と車とでは訳が違うが、先に述べたように靴の製造面であれほどまでのflexibleな製造体制が確立するのであれば、部品組立面でも現状より遥かに進んだ体制がとれる可能性が高まる。そのような可能性を考慮にいれると納期面でも格段の進歩が考えられる。つまり、これから先20年後頃までには、現在我々が想像している以上の革命的な製造方式が一般化されるようになっているであろう。

そうした可能性を考慮に入れた上で、自動車産業界における各国のcar makerのポジションを考えると、現在のあり方を一旦ご破算にするくらいの発想の転換が必要になってくる。

□Robot makerが自動車産業に及ぼす影響

資本主義が爛熟期に到達するにつれて『文明の衝突』が必然的なものとなってくると同時に、ものづくりそのものの内容も革命的に変化することとなり、その結果として全世界の企業の優勝劣敗の姿もがらりと変わってくるであろう。

中国の家電大手である『美的集団』がドイツの産業用Robot大手の『クーカ』の株式の過半数を公開買い付けして経営権を取得する見通しがほぼ確実になってきた。ちなみに美的集団の本社は、広東省仏山市にあり、設立は１９６８年、昨年度の売上高は２兆７７０億円、純利益は１９１５億円であり、主な製品はエアコンなど白物家電であり、従業員数は約９万３０００人である（1元を15円として計算）。

一方クーカの本社はバイエルン州のアウクスブルクであり、設立は１８９８年、売上高は３２９２億円で純利益は87億円。主な製品は産業用Robot、factory automation systemであり従業員数は約1万２３００人（1ユーロを１１１円として計算）。

なお世界の産業用Robotのshareは、1位ファナック（18・5％）、2位独クーカ（11・5％）、3位スイスＡＢＢ（10・5％）、4位：安川電機（10・4％）、5位：川崎重工業（5・8％）、その他（43・3％）となっている。

クーカ買収の最大の狙いは自社工場に最新のRobot技術を採択し、自動化を推進することにある。中国の従業員の給与はこの5年間に2倍に跳ね上がったため、労働集約的な家電製品の生産を自動化しなければ生き残れないと、美的集団は考えた。一方のクーカは業績が拡大中であり単独ででも十分に生き残れるが、更に飛躍的に発展しようとすれば、世界最大のmarketである中国に進出すべきだと判断した。そのために中国企業の傘下に入る決断を下したのである。

ドイツではどの自動車makerもクーカ製の多関節Robotを採用しており、orange色のクーカ製Robotがどの工場でもやたら目につく。同社はRobotに搭載しているAIを進化させると同時に通信機能まで持たせて内外の工場と綿密な連携を取っている。同社の社長のロイター氏は「クーカこそIndustry 4.0の先頭makerである」と自画自賛している。昨年度の売り上げの内、中国市場向けは14%だが、5年前は僅かに5%だったことを思うと、中国市場におけるshareの拡大傾向は目を見張るほどである。こうした実績を踏まえた上でロイター社長は、あえて美的集団の傘下入りを決断している。このように欧州makerは例外なく中国市場を重視しており、イギリスやドイツにもみられるように、首脳自身が足しげく中国に通っている。

中国を敵対視している日本政府はいずれ将来激しく後悔することになるであろう。世界最大のRobot makerであるファナックは製造能力を倍増すると発表したが、この会社が中国で大活躍できるだけの基盤造りは極めて大切である。

安倍内閣はなにかにつけて中国政府ともめているが、大局的な見地に立ち、世界最大市場である中国市場で充分日本企業に活躍してもらえるだけの配慮をしてほしいものである。

これから一体どんな未来がやってくるのか？

現在はまさに『世界史上他に例を見ないほどの大転換期』にさしかかっている。

これからは我々が経験してきた20世紀とは、まるで違った新たな世界が展開することとなる。しかし、その実態をまだ誰も想像することなどできはしない。

何故なら今までとこれから展開されることになる未来とはあまりにもかけ離れており、この懸隔を埋めるだけの知恵を持ち合わせていないからである。

しかし、いずれ訪れてくる近未来には、極めて明るい面と暗い面とが入り混じっている。明るい面ではlinear新幹線をはじめとして交通機関の飛躍的性能向上や、情報網の整備拡充と情報取得機器の進歩とにより、最も欲しい情報がtimelyに受け取れると共に、自動的に記録されるようにまでなることが挙げられる。

また家庭生活の面では、あらゆる家電機器の装いが新たになり、全ての機器が単一の操作端末での音声入力によってできるようになる。その結果、TVで録画する際でも、新聞の番組を見ながら収録したい番組を読み上げればたちまち予約できるし、エアコンのbuttonを押した上で「25℃で弱風」と言えば快適な冷風が心地よく吹くようになる。その上に自動操作を選択すると、何時でも所定の位置に座ればエアコンが作動し、席を離れたら切れる。


また一人暮らしのお年寄りには介護Robotが何時も寄り添ってくれ、悩みごとの回答までしてくれる。風呂に入りたい時にはちゃんと風呂場まで運んでくれ、湯船にまでつからせてくれる。そんなことができる時代が直ぐそこにまで来ているのだが、このような超近代的な機器で囲まれ、快適な生活を送ろうとすればそれなりのお金が必要となる。従って、お金がなければ今までの生活のままで我慢するしかない。

暗い面として挙げられるのは『爛熟期としての資本主義の怖さ、恐ろしさ』である。資本主義はいよいよ猛威を振るうようになり、貧富の差はますます拡大していく。

このような世の中では優勝劣敗が当たり前となり、富み栄える者はいくらでも豊かになるが、病気になったりして落伍したりすると、生き長らえることさえ難しくなる。

誰もが歳を取るが、働ける年齢を過ぎると蓄えを取り崩す人生となる。

それだけに蓄えの乏しい人はびくびくしながら、余生の長さばかりを気にかけることとなる。平均寿命は年々上昇し、白寿を超す人たちの数が鰻上りになりつつある。こうした傾向を反映しながら医療費の補助額が年々急上昇し、いずれ財政は破綻する。その結果、保険での大幅な補てん制度はいずれ消えてなくなる。目下、一人あたりの年間の人工透析料は約５００万円だが、大部分は保険でcoverされている。その上胃瘻にはもっと費用がかかる。

しかし、いずれこのような医者を儲けさせるための薬漬けの医療は大幅に縮小される。それだけに若い時から一生涯のあり方を考え、万全の健康管理を徹底させる必要がある。煙草をのんだり深酒をしたり、不規則な生活を繰り返していると、やがてbedに釘付けの老後となる。そうなれば自分自身が惨めな上に生活が行き詰まってしまい、子供や孫にまで大変な迷惑をかけてしまう。

こうして考えると光り輝くばかりの未来が、あらゆる人たちすべてに恩恵を与えるものではないことがよく分かる。happyになるためにはそれなりの努力が必要なのだ。

日本経済はこれからどう推移するのか？

あらゆる国際機関の発表では、今年も来年も日本の経済成長率は先進諸国中最低であり、zero成長を若干上回る程度でしかない。しかもこのような状況が過去二十数年間も続いている。しかもこの間GDPの2倍1000兆円もの財政資金を投入している。

それにもかかわらずEU28カ国の成長率の半分以下しか上げられないというのはただ事ではない。EUには問題を抱えているギリシャをはじめ東欧諸国や経済が不振な国がいくらでもいる。それにもかかわらず、日本の成長率は彼ら全体の平均数値の半分以下でしかなく今後とも浮上できそうにない。消費税を僅かに2%だけ上げるのが無理な日本に対して、ヨーロッパ各国はすでに付加価値税を20%前後にまで引き上げている。そうした財源の下で、あの小さな国のフィンランドでさえ、大学まで無料である。その結果、どんなに貧しくとも頭さえよければ高等教育を受ける機会が国民すべてに均等に与えられているのだから素晴らしい限りである。

日本は世界第3位の経済大国だと自負しており、首相は世界各地を巡りながら大金を惜しげもなくばらまいている。しかし、人口の6分の1が貧困家庭だと言われており、特に母子家庭の貧困度は凄まじい。その上、貧乏人が奨学金を貰ったら、就職難のために返せなくなり、「奨学金破綻」に陥ってしまう。このような実態をつぶさに見ていると、北欧諸国の方がよほど民主主義的な政策を実施しており、その点では日本は物凄く見劣りがする。現状から鑑みると、他国への援助よりも先にまずは自国の貧困層をなくすことの方が先決ではないかと言いたくなる。安倍首相はしきりに「アベノミクス」の成果を吹聴するが、過去4年間にどれだけの成果があがったのか具体的に示されずにいる。

彼らが挙げている失業率の低さは、実は非正規雇用やアルバイトその他の人間らしい生活ができない人たちをも就業者の中にcountした結果なのであり、本当は正社員だけを就労者扱いとし、それ以外を失業者とするのが本当の姿である。そうすれば四十数パーセントの失業率が示されるだろう。我々は何時の間にか孫の時代の財源までをも食い潰してしまっている。

しかも、借りた分を返そうとする努力すらしようとはしない。どう考えてもできないからである。

経済を立て直せない安倍政府は原発の再稼働に舵を切り、更に40年稼働後に廃炉にする予定だった原発まで動かそうとしている。わが国の名だたる電機makerは次々に家電部門から手を引き、半導体に関する国際競争からも脱落してしまった。だからこそシャープはホンハイに乗っ取られ、東芝は美的集団に家電部門を売り渡している。家電と半導体という最も大事な部門で撤収を余儀なくされた大手makerは、次々に大規模な人員整理を行って従業員数を大幅に圧縮すると同時に、競争力を失った部門を次々に売り渡している。そして矛先を海外のインフラ事業と原発輸出に切り替えており、政府も積極的に支援しつつある。このような荒療治を行った結果、やっと赤字が止まったが、今後の発展が望めるかというとそうはいかない。

今回のバングラデシュでの惨劇でも明らかなように、安倍政権になってから日本人ははっきりと「抹殺の対象」になった。だから海外でのインフラ拡充事業は文字通り暗礁に乗り上げる。つまり、危険を承知でインフラ事業を推し進めようとしたら、海外に出かけなければならない若者たちに引導を渡さねばならないが、それを拒否する人たちが続出するようになれば、この事業そのものが成り立たなくなる。

安倍首相任せにしていたら八方塞がりとなる

太平洋戦争中、政府は赤紙1枚で全国から若者たちをかき集め戦場へと狩り出した。徴兵逃れをした若者たちに対しては山狩りまで行われ、家族までもが痛めつけられた。これと同じようなことが今後businessという名の下で実施されかねない。しかし、軍部が生殺与奪の権限を持っていた時代とは違い、今では命令を拒否できる。ただしそうすれば解雇され、たちまち無収入へと追い込まれかねない。それでも今回の惨劇を目のあたりにしたら、危険な場所に出かけるという人は間違いなく少なくなる。

その結果、国内市場がどんどん先細っていく中で、海外進出に歯止めがかかれば、日本経済の先行きは今までより以上に厳しくなっていく。その上、世界最大の市場と言われ、ヨーロッパ各国が首脳陣主導の下で市場開拓に躍起となっている中国市場では、日本企業の立ち遅れが目立っている。中国の勝手気ままな領土拡大や海洋進出は許し難い暴挙であり、決して見逃すことも許すこともできない。

しかし、それでもヨーロッパ各国はそれらの問題を棚上げにして、中国との友好関係を深めつつあり、何としてでも自国としての発展を図ろうと必死になっているのである。これに対して安倍首相の態度は彼らとは全く異なり、米軍をbackにしてあくまでも対決姿勢を強め、中国と対等に渡り合おうとしている。

その結果日中関係は抜き差しならない状態が続く。こう考えてくると、安倍首相の思うままに任せておいたら日本経済はますます浮上のキッカケを摑みにくくなりそうだ。それどころか安保法制が独り歩きするようになり、自衛隊の海外派兵から更に進んでは米軍と共に戦うような羽目に陥りかねない。

そうなれば、安倍首相がヨルダンで胸をはって読み上げた「有志連合と一体となって断固戦い抜く」というappealから、今度はいよいよ「現実の戦闘行為」へとescalateし、terroristの反感と反発はますます激しくなる。そうなると日本企業の世界での活動にbrakeがかかる。その上に中国に対して今まで同様に敵対視政策を続けていれば、いずれこの最も大切な市場での十分なshare確保さえも夢と消える。どうやらこうした暗い未来がはっきりと読みとれるようになってきた。つまり、安倍政権が末長く続く限り日本経済の先行きは尻すぼみとなり、浮上することはない。その上に世界で引き起こされる大規模地震の1割がこの日本列島で起きており、日本中のどこで大地震が起きても不思議ではない。そのような状況の中で原発を動かそうとしているだけに不安は増すばかりである。

我々にとって何よりも重要なのは「国民の生命と財産を守ること」なのだが、いずれ訪れる巨大地震の結果、生命も財産も失われる地域が出てくるであろう。それは福島の事例からも明らかである。そのような情勢の中で川内原発阻止を訴える鹿児島県知事（三反園訓氏）が誕生した。これだけは今回の選挙での唯一の朗報であった。それにしても自民党に取って代わるだけの力量と声望のある受け皿政党が存在しないという現実はなんとも悲しい限りである。

史上何度かは立派に経済発展したこともあるこの国が、今や絶望の淵に追い込まれつつある。この窮状からどう抜け出せばよいのか？　衆智を集めて議論し、解決策へ向かってできる限り大勢の人たちを結集しなければならない。

❐唯一の頼みの綱である自動車産業の将来は？

戦後この方日本経済を強力に引っ張ってきたのは『自動車産業』と『電機産業』であった。ところが電機産業はすでに見てきた通り、国際競争場裏で敗退し、家電事業と半導体事業という二大事業分野で大規模な後退を余儀なくされた。

その結果、由緒ある大手企業の事業が次々に台湾や韓国の企業に売り渡されつつある。その上に、頼みの綱的存在である「原発輸出」と「海外でのインフラ事業」を推進する面で急ブレーキがかかりつつある。つまり『文明の衝突』がいよいよ本格化するようになり、インフラ整備のために派遣される人たちが襲われる可能性が俄かに高まりだした。もしもこうした事業を強力に推進しなければ日本の将来がなりたたないのであれば、安倍首相に従来取ってきた態度を改めてもらわなければならない。つまり、もう一度日本は絶対平和主義に立ち戻り、日本周辺の海域での自衛以外の出兵を行わないということを世界に向けて発表し確約しなければならない。

しかし、彼が首相の座に留まっている限り、そんなことはできそうもない。

ところで家電事業はともかく半導体事業で大規模な撤退を行ったことは大きな痛手であった。それはこの事業そのものの大きさと同時に、electronics部門と呼ばれるこの事業が日本の全産業を下から強力に支える重要な産業基盤だったからである。この電機産業という強力な基盤産業が後退せざるを得なくなったために、日本全体を支える産業は自動車産業のみとなり、日本は今後片肺飛行せざるを得なくなる。ところが現在まで強力に展開し、世界の先頭を走り続けてきたこの産業には、今後第4次産業革命の荒波が押し寄せてくる。

どうやら次世代には需要地組立が基本となりそうであり、flexibleな組立とそれに伴う短納期競争が本格化しそうである。

また、需要地立地に伴い現地の部品産業との密接な関係構築が極めて重要な業務になりそうである。この結果、今現在での大maker同士の競争上の優位関係は一旦ご破算にせざるを得ず、再編成した上での成果が改めて問われることになりそうである。

現在の日本経済は自動車産業によって大きく支えられている。もしもこの産業が弱かったら、まず間違いなくminus成長を余儀なくされ続けていたことであろう。それだけにこれから20年後30年後の自動車産業のあり方が注目の焦点となる。この頃にはすでに自動運転車が話題の中心になっており、これに関する技術面でtop runnerになっているかどうかで、世界でのpositionが定まることとなる。

時まさに革新の時代であり、自動車をとりまくあらゆる産業界が、納入する素材の品質と軽量化ならびにそれら全部を総合した上でのcost面で、どれだけ優位なpositionを占められるかどうかも極めて大事な要素になっている。そうした諸々のfactorをひっくるめて日本車の国際的な位置づけが今後果たしてどうなるのか？　その一点に熱い視線が投げかけられている。それと同時に自動車産業以外の全ての産業界での奮励努力がtotalとしての日本の力となるであろう。

こうした幅広い視野の下で日本全体の活躍を期待することと大なるものがある。

先進国の模範事例を学ばない日本の経営者

今を去る4半世紀前の1980年、GEのCEOとして就任したばかりのJ. Welchは世界経済のそれまでの流れをつぶさに見定めた上で、これから先一体どう展開していくのかを思案熟考した。その結果「アメリカの製造業は本格的に大変革しなければならない」と悟った。その上で既存の工場の存在価値を見直し、次の三つに区分した。

(A型工場) 今後とも競争力を維持し続けることができるので温存する。
(B型工場) 東南アジアに移管した上で、自社の分工場的な扱いとする。
(C型工場) 生き残るのは無理なので、即刻閉鎖することとし、売り渡す。

彼はこの考え方を発表すると同時に、即座に実行に移した。次々に閉鎖される工場群を見て、従業員どころかOBさえもが非難の声を浴びせかけた。
「儲かっている工場をなぜぶっこわすのか?」「もったいないことをするな!」

「我々はGE製品に憧れて入社してきたのに、なくしてしまえばがっかりだ！」

このような意見に対してJ. Welch CEOは、はっきりと次のように言い放った。

「今だからこそ買い手がつくが、逡巡していたら買い手はつかなくなるぞ！」

この決断は正しかった。この英断によって、GEは挫折せずに乗り切れた。

アメリカでは、GEの振る舞いに触発されて、多くの企業がGEの後に従った。ところが同じような製品群を扱っていたにもかかわらず、日立、東芝をはじめ日本の殆ど全ての名門企業は、何一つ学び取れず、改革は長年にわたって見送られた。その結果、20世紀末までに業績が急降下していき、各社それぞれ数万人規模の人員整理を行うまでになった。本格的にGE並みの事業改革を始めたのは、20年以上も経過した2005年以降であり、GEの改革から4半世紀もの時間が無為に流れた。従業員を大事に考えながら、世界の態勢に伍して発展する道を、経営者たちは必死になって考えるべきであったが、そうはしなかった。

「行き詰まれば大規模な人員整理をすればいいさ」という、民の心を軽視する考え方が杜撰な経営を生んだのである。

ここでこの歴史的事実をつまびらかにするのは他でもない。世界的な潮流の変化に対して、日本の企業の対応が如何に生ぬるいものかを明示したかったからである。日本の電機産業の対応は生ぬるいどころか、不感症そのものであり救いようがない。わが国が第4次産業革命へ向けて突進するためには、何としてでも政府と大学との協力が不可欠であるが、そのためには十分な予算の裏付けが必要となる。その上で『産官学による緊密な連携play』が必須条件となる。

そうした枠組みを通して企業群を強引に引っ張っていかない限り、わが国が独米と伍して前進することはできない。

ところで筆者は１９９４年の書籍で『世紀末の地殻変動』を予言したが、現在同じ流れの下で再執筆するなら『新世紀初頭における大規模地殻変動』となるだろう。転換点は２０１６年が中心になりそうである。時代変革の波はますますspeedを速めるので、今後の10年間は今までの4半世紀にも匹敵するくらいの変化となるが、その結果国のあり方はもとより、それぞれの企業の立場も庶民の生活までもが一変してしまうこととなる。

今までの30年間に世界のＧＤＰは6倍になり、世界の貿易量は10倍になった。それにもかかわらず、日本のＧＤＰはこの期間にたった2倍になっただけであり、貿易量もまた3倍にすら到達していない。特にこの20年間のＧＤＰは僅かに16％しか増えておらず事実上完全に横ばいなのだが、そればかりではない。

米ドル表示でのＧＤＰは安倍政権の３年間に20％もdownしている。

つまり、円安、株高で浮かれている間に、日本の国際的な地位はこれほどまでも下がってしまったのであり、その結果、この20年間にアジア諸国の労賃総額は1割前後上がっているのに日本の労賃総額は逆に1割ほどdownしている。

このような状態で推移し続ければ、先進諸国にも新興諸国にも次々に追い抜かれてしまうことになりかねないが、その可能性は残念ながら極めて高いと言わざるを得ない。民主主義の基本である基本的人権は、生命と財産の維持保存を第一義としているが、できればその上に経済を成長させることによって、所得を年々上昇させることが政府にも経営者にも課せられている。政府はあらゆる政策を総動員して経済を上向かせなければならない。経営者はそうした環境に巧みに便乗しながら社業を盛り立てなければならない。それにもかかわらず、経済が伸び悩み、経営者が先行投資に尻込みし続けるようではどうしようもない。

現状のような政府の思わしくない経済運営と経営者の後ろ向きの姿勢では、庶民のhappy lifeは実現しようがない。実は民主主義に対する配慮はここまで徹底すべきなのである。

目下大企業を中心としながら、殆どの企業が積極的な投資を控えており、非正規社員数を減らし、正社員に業務が集中しつつあるが、その割に正社員の給料も増えてはいない。

経営者たちは内部留保を積み増しているが、これは競争場裏に打って出ても勝ち目がないと諦めているからである。しかし、Industry 4.0社会を実現するためには相当額の初期投資が必要であることは自明の理であり、それをすらびびっていたら前には進めない。

今では中国やインドまでもが積極的に明日に向かって突き進みつつある。

そのような四囲の情勢の中で、現在のようなだらしない政財界に任せていたら、明日の日本は惨憺たる状況へと追い込まれてしまうことであろう。

わが国が独米に伍して同じspeedで第4次産業革命時代へと突入していけるとは到

底考えられないが、せめて彼らの足元には食らいつくだけの覚悟と努力が必要である。目下工場内には相当数の作業員たちが配置されているが、第４次産業革命が実現するような社会になると、今までの作業者数の半数程度は要らなくなるとさえ言われている。従って、このような事態に対処するための方策を予め準備した上で、それなりの施策を実行しなければならない。

第４次産業革命時代が全面的に花開くとＩＣＴの機能によって製品や半製品、それに機械同士が互いに通信しあい、今まで作業員が行っていた仕事をＩＣＴが行い、その結果、先進諸国での総労務賃が現在の新興諸国以下になると見込まれている。このように、ＩＣＴが社会に根付くようになれば、製造業における雇用が大きく減るだけに雇用対策が極めて大切ということになってくる。もしもこのような効率的な動きが全製造業に浸透していくようになると、少子高齢化のtempoをすら上回る形で雇用者数が減少すると同時に、労賃の切り下げも進んでいく可能性が高い。つまり、ＩＣＴの進展に伴って労働生産性は確かに向上していくのだが、その成果を雇い主側がすべて吸収してしまうのか、それとも働く人たちにもその恩恵が及ぶのか？

その辺りが現段階でははっきりとは見えてこない。ここに視点をあわせながら全世界的な傾向と今後の見通しを解析したのが、フランスの経済学者のトマ・ピケティ氏である。彼は厳しい見方をしており、従来からの傾向を延長すると、富の分配はますます雇用者側の方に、より有利に傾くであろうと想定しており、その結果貧富の差はますます加速されていき、それと同時に社会不安はますます増大するだろうと見ている。

ところで筆者は戦後の期間を大まかに区分した上で、それぞれの期間の特徴を次のように明記することとした。もとよりこれほどまでにはっきりと区分できるはずはなく、それぞれの期間の特徴がお互いに交錯しあっている。

それでも時代の流れを確認する意味において、このような思い切った時代区分は、それなりの価値があるであろう。

時代区分についての見方、考え方

(A) 1980年代までのelectronics産業大活躍の時代

この時代の製品は、各国内の業者たちの集団の協力によって造られていた。

従って、そこには親会社と子会社（1次下請け〜2次3次下請け）までのhierarchyが厳然と存在していた。この結果、国際競争力は国毎に明確に区分されていた。つまり、この時代の特徴は各国別の競争という形を取っていた。日本は優秀で比較的安価な労働力が潤沢に供給されていた上に無資源国家であったため、世界中どこからでも最も安くて品質の良い天然資源を輸入することが出来た。

その上どこへでも自由に輸出することができた。大手企業は直属の1次下請け業者と刷り合わせ技術を通して品質を高めていた。

その上にトヨタ生産方式で代表される生産方式を確立させることに成功した。国際競争力が高かったのはこうした諸要因による。

(B) 1990年代＝IT（Information Technology）の時代

この時代に入ると国際分業が一般的となり、アメリカは自国製造業内の工程の中で、競争力のない工程はアジアに移し、分業体制をとることが普通となった。こうした動きをキッカケとしてアジア諸国の製造業が立ち上がることとなった。

つまり、ＩＴによって遠隔地間でも瞬時の連絡が可能となり、分工場を海外へ移転させても緊密な連携playが容易に取れるようになった。このためアジア諸国との

combined manufacturingが普及し始め、特に家電製品に関しては世界中で最も生産効率が良い部品makerが当該工程を担当するようになった。

こうした傾向が強まると、国内だけで一貫生産している企業の競争力は低下していく。

また、アジア諸国が独自に完成品を手掛けるようになり、日本製品がアジア地域から駆逐されだした。この結果、日本製造業はかつての勢いを失い、その後日本経済は次第に沈滞していくようになった。

(C) 2000年代=IOT (Information of Things) の時代

原材料や半製品等々にtagやGPSが取りつけられ、モノ同士での相互交信が可能となった。その結果、欠品の補充から不具合情報のcatchまでが可能となり、その上に納入先の製品を追跡してその利用状況を察知することまで可能となった。このような新しい動きをGEは巧みに活用し、自社製のjet engineの追跡調査を行いだした。その結果、不具合情報を察知して改善すると同時に、交換すべき部品を早急に取り替え場所へ送付するというserviceをも実施しだした。また、最適運用方法を示唆したり、燃費のminimize化を伝授する等、販売後のserviceに熱を入れることによって、自社製engineの評価を高められるようになった。またコマツは超大型建機を自動操縦したり、遠隔操作を任されたり、盗難防止の面でも貢献できるようになり、高い評価を受けている。

(D) 2010年代＝ICT (Information and Communication Technology) の時代

この時代に入ると、user段階から製造工程をへて納入段階に至るまでのValue Chainの全情報を掌握することが可能となり、mass customized productionが実現するようになった。しかし、これを実現している割合はまだ少数に留まっている。この段階ではドイツとアメリカが先頭に立ち、それに中国とインドが追随し、user段階から納品に関するserviceに至るまでのValue Chain全体を網羅することによってmass customized productionを実現させることのできる企業が増えだした。

この段階に至ると今まで「人が行っていた各種の作業」を製品や部品や機械が独自に行うことが可能となり、この結果単純労働者を大幅に減らすことが可能となり、生産性が飛躍的に高まることとなった。

(E) 2020年代以降＝Industry 4.0（第4次産業革命）が、いよいよ始まりだした時代

Industry 4.0の時代は2020年前後から本格化してくるが、全面開花するのは2030年以降になるであろう。この段階にまで達すると、一国の製造体制の内Industry 4.0の比率がどのくらいかによって、国全体としての国際競争力が定まることになる。この体制が全世界を覆い尽くすようになれば、間違いなく一国内の従来の産業構造は激変すると同時に、個々別々の産業内での構造もまた大きな変化をもたらすであろう。

大手組立産業が生き残るためには、世界の中で最も優秀な部品企業とtie upしなければならない。この結果、従来のhierarchyは根底から覆ることとなる。今から20年後の国内産業のあり方は想像できないくらいに様変わりすることになるであろう。

あれほど世界で猛威を振るっていた日本のelectronics産業界が、20世紀末にかけて惨敗を喫したのは何故なのか？　それにもかかわらず日本の自動車産業が今日の隆盛を保ち続けているのは何故なのか？

electronics産業と自動車産業との栄枯盛衰の違いは、この両業界がおかれていた世界的歴史的な位置づけの差がもたらしたものであり、前者の経営者が劣っており、後者の経営者が優れていたからではなかった。もしも自動車業界がelectronics業界と同

じ時期に全く同じtypeの世界的な大変革の嵐に遭っていたら、自動車産業もelectronics産業と全く同じ運命を辿っていたに違いない。

しかしこれから自動車産業に対してもelectronics産業を襲ったのと同じ波がやってくる可能性が一段と高まってきただけに、これからどのようにして対処するかが重要な「避けることのできない課題」として浮上してきている。

第4次産業革命は『革命』と言われるだけの物凄い猛威を振るいながら、今まで永年にわたって築き上げてきたelectronics産業の枠組みをぶち壊し、既成概念を木っ端みじんに打ち砕いた上で、全く新しい産業秩序を構築した。だからこそ我々は、なんとしてでもこの『新しい波の本質』を正確かつ確実に捉えなければならない。その上で失敗することなく、この新しい波を乗り切るだけの体制作りを成就しなければならない。

おわり

本書を書き上げた理由

物書きにとっては、書き記した文章に対する読者の反応が極めて大切である。反応があまり芳しくなければそれ以上書く気がしなくなるし、良ければ奮い立って書き続けようという気が起きる。しかもその際の反応の速さがやる気に比例することとなる。皮膚科の石井暁彦院長先生はその点でうってつけの人物だ。反応は打てば響くがごとくに物凄く速いし、指摘が的確であり何時も焦点がきちんと定まっている。

筆者は従来から憲法問題に重大な関心を持っていた。現在の日本国憲法は理想に燃えた米国人が、あらゆる制約にとらわれることなく、究極の姿を描き出そうとして書き上げたものであるだけに、米国憲法をすら遥かに凌駕している。

この理想は日本が占領下にあったということと同時に、世界中を苦しめた日本が「真の理想国家になってほしい」という切なる願いによって実現された。

だからこそこの憲法に描かれている理想を踏みにじってはならないのである。

憲法の精神は大きく二つに分けられる。その一つは、徹頭徹尾『平和に徹する』ということであり、その二はあくまでも『民主主義を守り抜く』ことである。

この二つの理想を中心に本書を書き上げた。そして早速石井先生に読んで頂いた。結果としての反応は強烈であった。お生まれになる前の戦争中に、これほどまでの経験をした人たちがいたことが、本当に信じられなかったというのである。

また、重責を担っていた人が「国のために殉ずる」だけの気概を持つことがどれほど重要なことかということを、改めて思い知らされたとのことでもあった。

これだけの真実はＮＨＫのドキュメントとして取り上げてほしいとまで述べられた。現在のような出版不況の際には、まず書き上げてみても売れる可能性が少なければ問題である。その点で石井先生は「１００冊ばかり購入して若者たちに配りたい」とも訴えられた。そこまで心を動かされたというのである。

この率直な気持ちに触発されて、筆者は本書を完結させることが出来た。

戦争中から今日まで実に七十数年間にも及ぶ長い時間が刻まれてきた。その間中、日本人は必死になって生きてきたし、これからも生き続けなければならない。

そのためには是は是、非は非として率直に認めながら、日本人のすべてが十分に反省した上で、今後の世界を生き抜いていかなければならない。

本書の中では日本が犯した様々な出来事をありのまま書き記した。何故なら、我々が犯した過ちを正すことこそが最も重要なことだからである。

「公のために己を虚しゅうする」ことは極めて大事であり、そのような精神によって初めて理想的な世の中が実現する。東京都政のデタラメさは「己のために公を食い物にする」ような人たちによって引き起こされたが、これもまた民主主義、つまり「民全体の幸せを第一義にする精神」の欠如からきている。

石井先生の反応の速さと強烈なreactionが筆者を後押しした。一市民としてこれほどまでに反応して頂けるのであれば、必ずや目標とされる販売数量を達成することができるであろう。出版社としても引き受けてくれるであろう。

1冊の本が誕生する裏には様々な事情が潜んでいる。その中でも本書はある真摯な皮膚科の先生が、率直な気持ちで訴えられた思いが懸命に後押しされたために誕生したものであることを、ここにはっきりと記しておきたいと思う。

感謝の気持ちを抱きつつ、本書を石井先生と共に送り出すこととする。

あとがき

目下アメリカではMillennial世代（M世代）の研究と分析が進んでいる。この世代に属するのは、1981〜1996年までに生まれてきた人たちであり、年齢的には20〜35歳までの人たちである。アメリカでのこの年齢に該当する人たちは目下約7000万人であり、全人口の2割に相当している。

日本の経済同友会のまとめによると、日本では金融危機、失業者の増加、経済格差の拡大、異常気象の日常化等々の影響をうけた結果、消費行動や職業観ならびに社会的な価値観等々が、それ以前の世代とは全くかけ離れているという。

アメリカでは彼らのことを「digital native世代」と呼んでいるが、彼らは欲しい情報を速やかにcatchしながら、得られた情報を生活面に生かしている。

このM世代は「物よりも経験」「所有よりも借用」を優先する傾向が強く、この影響を受けてbusinessが多様化しつつある。その上友達とはSNSで情報を共有しており、消費に関する判断も企業広告よりもＳＮＳに頼る傾向が強い。

今後Ｍ世代は着実に増加していき、社会的な影響はますます高まるばかりとなる。従って、この傾向を正しくかつ迅速にcatchしながら対応することを怠った企業は、global競争から脱落させられることとなる。この結果、時代遅れの企業が淘汰され、新時代のnew waveをcatchしてうまく波に乗り切った企業は旺盛な発展を遂げることとなる。所謂digital万能時代の到来である。

日本人の多くが最も不得意としている世界的なdigital潮流に乗り遅れると、企業も個人も割を食わされることになるだけに、うかうかしてはおれない。

ところで筆者は高校在学中の孫たちに、次のような話をしている。


「残念ながら日本の未来社会は、とても厳しいものになりそうである。

しかし、悲観ばかりしていないで、厳しい現実と未来とをきちんと見据えた上で、自分なりの対応を考えながらガメツクそして用意周到に生き抜いてほしい。

自分は中一の夏に父親をなくし、大学進学をさえ諦めた。しかし、ちょうどその頃米軍が進駐してきて、圧倒的な力強さに驚嘆させられた。その結果、これからはアメリカ主導の時代になると確信した。そうなると英語をmasterすることが武器になる。

そう考えるや否や米軍の歩哨小屋に飛び込み、毎日毎日通い続けた。丸2年もたつと通訳さえできるようになり、後に住友商事の臨時通訳に採用された。その結果悠々と大学に進学することができた。つまり、何時の世の中でも『窮すれば通ず』という諺が自分自身を助けることを忘れないでほしい。

ところでこれからは英語に加えて中国語がkey factorとなる。だからこの2カ国語を是が非ともmasterし、それに加えて得意とする分野の勉強を上乗せしてくれ。そうすれば鬼に金棒となる。日本では少子高齢化がますます進んでいくが、少子化を上回るspeedで、日本での就職機会は少なくなる可能性が高い。

だからこそ、日本にしがみついて生きていくという甘い考え方は捨て去り、世界中どこででも暮らしていけるだけの逞しさを身につけてほしい」と。

この自分自身の体験からにじみ出た熱い思いを、この際若い方々に対しても訴えたいと思う。本の末尾まで読んで頂いたことに限りない感謝の念を捧げると同時に、皆様方のご健勝とご活躍、ならびにご成功を心からお祈りする。

天王洲アイルの運河を眼下に見やりながら

追記

本書のゲラが出来上がり最終的な見直しをする段階になって、初めてTVや新聞で新たな情報がもたらされた。その結果、この項を付け加える必要が出てきた。

その情報とは想像を絶するほどの残業時間による相次ぐ自殺の連続であり、しかもそのような不祥事が多発しているのだという。つまり、会社から強制された理不尽かつ継続的な長時間残業が、多くの人たちに自殺を強要しているというのである。

まず最初に報じられたのは、電通に勤務していた高橋まつりさん（24歳）である。

彼女は東大文学部を卒業して昨春電通に入社しているが、写真で見る限りかなりな美人である。青春真っ盛りの彼女は1年半にわたる「月100時間以上もの残業」に加えて、強要された「業務の質と量の過酷さ」に押しつぶされてしまったのである。

休日を返上し長時間かけて作り上げた報告書を「上司からぼろくそに批判され（彼女自身の言葉）」、遂に自分自身を支えていた自尊心までもが叩きのめされてしまったのだ。

つまり、上司は彼女をsupportするという当然の責務を果たすことすらせず、逆に彼女に理不尽な言いがかりとpressureをかけ続け自殺に追い込んでしまったのだ。

上司からの誘いを断ったことも、いじめの原因なのではないかと想像される。

また、関西電力の技術系の課長（40歳代）も主張先のホテルで自殺している。彼には運転開始から40年以上経った高浜原発1、2号機の運転延長の認可を遂げさせるという過酷な使命が背負わされた。もともと40年が寿命だと言われていた原発を「十分に使える上に安全だと断定する」のは事実上無理難題である。それだけに様々な欠点を隠したり、何とか誤魔化しながら大丈夫だという結論へと導かなければならなかったのである。

彼は会社から工事計画認可申請書の作成を厳命されており、その指示に対して忠実に従いながら規制委員会への説明や対応に追われていたが、遂に行き詰まってしまった。

想像するに、彼は会社からの厳命と自己の良心との板挟みにあいながら、月に２００時間以上もの残業をし続ける過程の中で、わが身をすり潰してしまったのである。

彼にとっては己を偽ってまで使命を全うするのはできない相談であり、過酷な運命から逃げるためには自殺するしかなかった。これはまさしく『抗議の自殺』である。

我々は本書の前半部分で戦争中の忌まわしい実態に触れてきた。特殊集団のために命を犠牲にすることが当たり前だった冷厳な過去が、白日の下にさらけ出された。

ところがこの時のような悲惨極まりない、過酷すぎる現実が70年以上も経った現在の日本の中でも、相も変わらず繰り返されていたのであり、驚くばかりである。

日本では20年以上の歳月をかけて、非正規雇用者を13%から40%にまで引き上げたが、この裏では正規社員の数が激減している。ところが時代とともに正規社員が行う仕事量は間違いなく増え続けており、減らされた正社員に対しては過酷なばかりの業務が割り当てられた。その完全達成をパワハラで強引に押し付けたのである。

その結果、何時まで経ってもビルの明かりは消えず、午前様が常態にさえなっている企業が少なくない。その挙句の果てに自殺にまで追い込まれている人たちが大勢いるのだ。悲しいかなこれが日本という国のまぎれもない現実なのである。

本書は『憲法改悪に反対する』という姿勢の下で執筆された。その際の意図は一人ひとりの心と体を徹頭徹尾大切にし、とことんまで守り抜くことであった。残念ながら日本の社会体制の中で、この動きに対する反民主的な動きが今もなお残っている。

我々はこうした傾向に対して強烈な反対の意思表示を行い、この世の中を正しい方向へと導くべく、最大限の努力を傾けなければならない。そのことを強調したいがために、あえてこの追記を付け加えさせて頂くことにした次第である。
現行憲法を守り抜くという普段の姿勢そのものが、『平和を守り基本的人権を大切にすることに繋がる』のだということを、ここに改めて強調しておきたい。

おわり

白岩　禮三（しらいわ　れいぞう）

九州大学大学院経済学研究科を経て神戸製鋼所に入社し定年まで勤務。５年間のヨーロッパ駐在をも含め、今までに訪問した国は100カ国にのぼる。その上に主要国のdata baseから常時情報を入手している。定年後は東京理科大学の先端技術講座を履修後、信州大学経済学部の講師として産業構造論と国際比較論を担当。60歳以降は専らleading産業であるelectronics産業と自動車産業に特化しながら世界の動向を見守ってきた。23年前には日本科学技術振興協会を母体として「自動車産業将来像委員会」を立ち上げたが、この会合はその後も母体とleaderをかえながら続いている。またelectronics産業の関連新聞であるオートメレビュー新聞の社説を19年間にわたり連続執筆すると同時に、日本電気制御機器工業会の月報にも毎回記事を載せた。全国電子部品連合会の会報にも12年間にわたって連続執筆した。

[筆者が今までに出版した書籍]

⑴『大世紀末の地殻変動』　実業之日本社　1994年
⑵『これからどうなる日本の製造業』　ダイヤモンド社　1994年
⑶『大変な時代に克つ会社』　光文社　1998年
⑷『日本の進むべき道』　オートメレビュー社　2010年
⑸『国家戦略』　オートメレビュー社　2012年
⑹『日本の基幹産業』　オートメレビュー社　2013年
⑺『明日の世界をどう生きる』　㈱オーエム　2014年
⑻『祖国の未来に想いをはせる』　㈱オーエム　2015年
⑼『憲法改悪を阻止しよう！』　東京図書出版　2016年
⑽『トランプ後の世界』　東京図書出版　2016年

《注》1994年から1995年にかけては**『大世紀末の地殻変動』**（実業之日本社）**『これからどうなる日本の製造業』**（ダイヤモンド社）**『大変な時代に克つ会社』**（光文社）を相次いで出版、その後の「日本経済大停滞の時代」を大胆にも予言した。この時代にこれだけ思い切った予言を行い、見事に的中させることのできた唯一人の経済評論家である。

TTS文庫

憲法改悪を阻止しよう！

2016年12月23日　初版発行

著　者　白岩禮三
発行者　中田典昭
発行所　東京図書出版
発売元　株式会社 リフレ出版
〒113-0021　東京都文京区本駒込 3-10-4
電話 (03)3823-9171　FAX 0120-41-8080
印　刷　株式会社 ブレイン

ISBN978-4-86641-033-3 C0131
Printed in Japan 2016
落丁・乱丁はお取替えいたします。

ご意見、ご感想をお寄せ下さい。

［宛先］〒113-0021　東京都文京区本駒込 3-10-4
東京図書出版